Eveline Schwarz

55 Spiele mit Chunks

für Partner-, Gruppen- und Plenumsarbeit

Deutsch als Fremdsprache

Ernst Klett Sprachen
Stuttgart

Bildnachweis:
123RF.com, Nidderau: **37.10** (sedneva); **37.11** (Iryna Prachenko); **37.6, 41.5** (gavran333); **37.13** (pogonici); **37.17** (jenifoto); **37.21** (movingmoment); **37.22, 40.11** (karandaev); **40.7** (Oleksandr Boiko); **40.9** (madllen); **63.1** (avemario); **63.5** (Roman Samborskyi); **64.2** (Fabio Formaggio); **125.1** (Chornii Yevhenii); **125.2** (Milosh Kojadinovich); **125.3, 125.6** (Yael Weiss); **125.4** (floralset); Getty Images, München: **37.1, 41.2** (visual7); **37.19, 41.3** (JoKMedia); **37.3, 41.12, 40.10** (RedHelga); **37.2, 41.4** (JohnGollop); **37.4, 41.1, 37.20** (stockcam); **37.5** (Andrey Elkin); **37.7** (LauriPatterson); **37.8** (Marat Musabirov); **37.9** (hdagli); **37.12** (robynmac); **37.14, 40.8** (eli_asenova); **37.15** (malerapaso); **37.16** (yorkfoto); **37.18** (gaffera); **37.23** (Hanis); **37.24** (DNY59); **40.1** (thebroker); **40.2** (John_Kasawa); **40.3** (rolleiflextlr); **40.4** (bonetta); **40.5** (istanbulimage); **40.6** (mawielobob); **40.12** (DustyPixel); **41.6** (ac_bnphotos); **41.7** (Juanmonino); **41.8** (SherSor); **41.9** (fcafotodigital); **41.10** (kutaytanir); **41.11** (Image Source); **63.2, 63.3, 64.1, 64.3, 64.6** (Morsa Images); **63.4, 63.6** (SensorSpot); **64.4** (merteren); **64.5** (alvarez); **125.5** (South_agency);

1. Auflage   5 | 2026

Alle Drucke dieser Auflage sind unverändert und können im Unterricht nebeneinander verwendet werden. Die letzte Zahl bezeichnet das Jahr des Druckes. Das Werk und seine Teile sind urheberrechtlich geschützt. Jede Nutzung in anderen als den gesetzlich zugelassenen Fällen bedarf der vorherigen schriftlichen Einwilligung des Verlages.

Autorin: Eveline Schwarz

Redaktion: Michaela Späinghaus
Illustrationen: Fritz Steingrobe
Gestaltung und Satz: Joachim Schrimm, bostext, Friolzheim
Umschlaggestaltung: Sabine Kaufmann
Titelbild: Getty Images (PeopleImages), (Yuricazac)
Druck und Bindung: Digitaldruck Tebben GmbH, Biessenhofen

Printed in Germany
ISBN 978-3-12-674152-1

Inhaltsverzeichnis

„Könnten Sie uns die Rechnung bringen?"

Einleitung

Was sind Chunks und wofür brauchen wir sie?

„Chunks" sind häufig benutzte Wendungen, bei denen es sich um Satzteile oder ganze Sätze handeln kann. Das Besondere ist, dass man sie im Kontext lernt und alle Teile des Chunks gemeinsam gespeichert und abgerufen werden. Der am häufigsten verwendete Chunk ist wohl *Guten Tag.* Man lernt diese Phrase ganz zu Beginn des Unterrichts, ohne zu analysieren, dass es sich um eine Ellipse handelt und der vollständige Satz lauten würde: *Ich wünsche Ihnen einen guten Tag.* Die Lernenden müssen nicht wissen, dass wir es hier mit einer Adjektivdeklination mit indefinitem Artikel im Akkusativ zu tun haben. Das zeigt, Chunks werden als sprachliche Einheit gespeichert, ohne dass ihr grammatischer Aufbau zum Zeitpunkt des Erlernens verstanden wird.

Chunks können auch Kollokationen, wie *Zähne putzen, ein Zimmer mieten,* Satzmuster wie *Ich würde gern …* oder idiomatische Ausdrücke sein. Sie kommen in der Alltagssprache häufig vor und sind daher für die Kommunikationsfähigkeit der Lernenden, vor allem auf Niveau A1 und A2, relevant. Chunks erleichtern das Verständnis von Aussagen und auch die Sprachproduktion, zum Beispiel das Stellen von Fragen, das Äußern von Bitten oder das Formulieren einfacher Äußerungen.

Warum spielerisch lernen?

Sprachspiele haben einen festen Platz im Unterricht erobert. Sie bieten eine Reihe von Vorteilen gegenüber anderen Formen des Übens und ergänzen diese:

- Spiele sind immer in eine Kommunikationssituation eingebettet.
- Spiele können gemeinschaftliches Handeln, Wettkampf, das Schlüpfen in eine andere Rolle, Bewegung, Problemlösung usw. beinhalten. Dabei wird auch Teamarbeit gefördert.
- Lerneraktivierung: Alle Lernenden müssen mitmachen und somit die entsprechenden Strukturen üben.
- Beim Spielen haben nicht zwangsläufig die Lernenden den größten Erfolg, die sprachlich am fortgeschrittensten sind. Durch Glück, Zufall, Geschicklichkeit oder Strategiebildung haben auch schwächere Lernende die Chance zu gewinnen.
- Spiele basieren sehr häufig auf der Wiederholung von sprachlichen Handlungen. Die dafür benötigten sprachlichen Mittel werden daher – ohne dass man sich dessen bewusst wird – häufig wiederholt und so verinnerlicht.
- Die Kombination von Handeln und Sprechen in einem bestimmten Kontext hilft, die Sprachhandlungen im Langzeitgedächtnis zu speichern und sie bei Bedarf abzurufen. Wer kann sich nicht mehr an Auszählreime oder Sprüche aus seiner Kindheit erinnern!
- Sowohl das Agieren in der Gruppe als auch das Schlüpfen in Rollen bieten den Lernenden „Schutz". Über Fehler kann auch gelacht werden.

Welche Art von Spielen enthält das Buch?

Die in diesem Buch enthaltenen Spiele – es gibt Vorschläge für Partner- und Kleingruppenarbeit, aber auch viele Spiele, die in der Großgruppe (Plenum) durchgeführt werden – orientieren sich meist an bekannten Spielformen. So findet man Brett- und Kartenspiele, Bingo und Memo-Spiele, aber auch andere

Spielformen. Diese Formen haben den Vorteil, dass sie aufgrund ihres Bekanntheitsgrades keine langen Erklärungen seitens der Lehrkraft benötigen und in der Durchführung unkompliziert sind. Auch die Wiederholung von bestimmten Spielformen erleichtert aufgrund des Bekanntheitsgrades die Durchführung und den Einsatz im Unterricht.

Der Begriff „spielen" ist aber auch in den Kollokationen *Theater spielen* bzw. *eine Rolle spielen* enthalten. Deshalb wurden auch Aktivitäten in das Buch aufgenommen, die dem dramapädagogischen Ansatz folgen. Die Überzeugung ist auch bei diesem Ansatz, dass man sich eine Struktur besser merkt, wenn verschiedene Sinne angesprochen werden. Im Gegensatz zu den anderen Spielen, für die es ja feste Regeln gibt, sind dramapädagogische Handlungen durch ihre offenere Struktur charakterisiert. Auch gibt es – im Gegensatz zu klassischen Spielen – keine Sieger und Verlierer, das Lernen erfolgt immer in Teamarbeit.

Wann können die Spiele eingesetzt werden?
Die in diesem Band enthaltenen Spiele sind für den Unterricht auf Niveau A1 und A2 konzipiert. Sie unterstützen das Verständnis und die Anwendung der Sprache vom ersten Unterrichtstag an. Sie orientieren sich an den in den Lehrwerken üblichen Themen wie Kennenlernen, Essen und Trinken, Restaurantbesuche, Krankheiten, Wetter, Urlaub usw. Damit können die Spiele ergänzend zu jedem Unterricht und jedem Lehrwerk eingesetzt werden.

Aufgrund der maximalen Dauer von 15 Minuten für die meisten Spiele soll die Einbindung in die jeweilige Unterrichtssequenz erleichtert werden. Selbstverständlich sollten die Chunks vorab eingeführt worden sein.

Manchmal ergibt es sich auch, dass die Lernenden einen speziellen Chunk immer wieder falsch verwenden. Ein typisches Beispiel ist *Meiner Meinung nach…* Wenn das der Lehrkraft auffällt, bietet es sich an, dies im Rahmen eines Spiels zu korrigieren.

Mithilfe der Spiele werden die vier Fertigkeiten gefördert, der Schwerpunkt liegt auf dem Sprechen und dem Hören bzw. Verstehen.

Wie ist das Buch aufgebaut?
Man findet zu jedem Spiel ausführliche Anleitungen und – wo notwendig – Kopiervorlagen. Die Anleitungen enthalten Angaben zum Sprachniveau, zur Sozialform, zur Spieldauer, zum benötigten Material, zur Vorbereitung sowie eine Beschreibung des Spielverlaufs. Gegebenenfalls gibt es auch Vorschläge für Spielvarianten sowie Redemittel und Anschlussaktivitäten. Die Spielbeschreibungen richten sich an die Lehrkraft. Das bedeutet, dass diese die Spiele gut kennen muss, damit sie sie den Lernenden erklären kann. Manche Spiele benötigen zusätzliches Material, wie z. B. Würfel und Spielfiguren.

Die Kopiervorlagen sind für den sofortigen Einsatz im Unterricht konzipiert. Sie müssen nur kopiert und evtl. zerschnitten werden.

Übersicht der Spiele

Spiel	Thema / Situation*	Benötigtes Material**	Niveau	Seite
1 | Bingo: Arbeitsanweisungen	Einfache Arbeitsanweisungen verstehen		A1	10
2 | Domino: Arbeitsanweisungen	Komplexere Arbeitsanweisungen verstehen		A1	12
3 | Arbeitsaufträge	Komplexe Arbeitsaufträge verstehen		A1	14
4 | Kennenlern-Spiel	Sich vorstellen		A1	16
5 | Wollfadenspiel: Erstes Kennenlernen	Erstes Kennenlernen	Wollknäuel	A1	18
6 | Kennenlern-Puzzle	Duzen, Siezen		A1	19
7 | Wie viel Uhr ist es?	Uhrzeiten: volle Stunden		A1	22
8 | Um wie viel Uhr kommst du?	Uhrzeiten	ein weicher Ball	A1	23
9 | Domino: Wie reagieren Sie?	Alltagssituationen		A1	24
10 | Wie heißt das auf Deutsch?	Nach Begriffen fragen, Begriffe buchstabieren		A1	26
11 | Fragespiel: Wo gehst du hin?	Ziele erfragen		A1	28
12 | Bewegungsspiel: Ist hier noch frei?	Nach einem freien Platz fragen		A1	30
13 | Stille Post	Auf Gesagtes reagieren		A1	31
14 | Kreisspiel: Essensaufforderung	Ein freundliches Angebot annehmen oder ablehnen	Tüte mit Bonbons o.Ä.		32
15 | Dialogspiel: Preise vergleichen	Lebensmittel für eine Kursparty einkaufen		A1	33
16 | Speed-Shopping	Lebensmittel einkaufen		A1	36
17 | Trios: Einkaufen	Kleidung und Lebensmittel einkaufen		A1	39

Spiel	Thema / Situation*	Benötigtes Material**	Niveau	Seite
31 | Blind Date	Kennenlernen zu Kursbeginn auf höherem Niveau		A2	73
32 | Dialogspiel: Auskünfte	Auskünfte zur eigenen Person geben		A2	75
33 | Duett: Gute Wünsche	Gute Wünsche formulieren		A2	78
34 | Einkaufsliste	Mengen- und Verpackungsangaben für Lebensmittel	Würfel	A2	81
35 | Schreibspiel: Urlaubsgrüße	Urlaubsgrüße formulieren		A2	83
36 | Ballspiel: Was für ein Tag!	Auf überraschende Situationen reagieren	evtl. ein weicher Ball	A2	86
37 | Brettspiel: Auskünfte	Um Auskünfte bitten; indirekte Fragesätze	Würfel, Spielfiguren	A2	88
38 | Duett: Um Auskunft bitten	Auskünfte einholen und geben		A2	91
39 | Trios: Unterwegs in der Stadt	Orte in der Stadt aufsuchen		A2	94
40 | Wegbeschreibungen	Wegbeschreibungen in der Stadt geben und erfragen		A2	97
41 | Würfelspiel: Essenseinladung	Sich mit Gästen und Gastgebern unterhalten	Würfel, Spielfiguren	A2	99
42 | Memo-Spiel: Im Restaurant	Dialoge im Restaurant führen		A2	102
43 | Etwas bestellen (Dramapädagogik)	Bestellungen im Restaurant, in der Eisdiele und im Kino aufgeben		A2	105
44 | Pantomime-Spiel: Hausarbeit	Hausarbeiten benennen	Sanduhr oder Stoppuhr, ein weicher Ball	A2	108
45 | Memo-Spiel: Körperpflege	Wortschatz zum Thema „Körperpflege" üben		A2	110

Spiel	Thema / Situation*	Benötigtes Material**	Niveau	Seite
46 | Dialogspiel: Ratschläge bei Krankheiten	Ratschläge bei Krankheiten geben		A2	113
47 | Memo-Spiel: Feste	Kollokationen zum Thema „Feste" üben	Münzen oder Spielsteine	A2	115
48 | Würfelspiel: Freizeitaktivitäten	Kollokationen zum Thema „Freizeit" üben	Würfel	A2	118
49 | Kleiderkauf (Dramapädagogik)	Einkaufssituationen im Bekleidungsgeschäft üben		A2	119
50 | Speed-Booking	Ein Hotelzimmer buchen		A2	122
51 | Beziehungsstatus (Dramapädagogik)	Über Beziehungen sprechen		A2	124
52 | Eine Geschichte erzählen (Dramapädagogik)	Formelle Begrüßung und Konversation üben		A2	126
53 | Flüsterdiktat: Reklamation	Eine Reklamation schreiben (Prüfungs-vorbereitung)		A2	129
54 | WhatsApp®-Gruppe: einen Termin vereinbaren	Einen Termin für ein Treffen vereinbaren (Prüfungsvorbereitung)		A2	131
55 | Dialogspiel: Was unternehmen wir?	Gemeinsame Aktivitäten planen (Prüfungs-vorbereitung)		A2	135
Lösungen				137

* Die angegebenen Themen / Situationen beziehen sich auf die beigefügten Kopiervorlagen. Oft sind die Spiele auch für andere Themen / Situationen geeignet und können leicht angepasst werden.
** Zusätzlich zu den Kopiervorlagen in diesem Buch brauchen Sie für die Spiele noch das hier angegebene Material.

1 | Bingo: Arbeitsanweisungen

Sprachniveau
A1

Thema / Situation
Einfache Arbeitsanweisungen verstehen

Anzahl der Spielerinnen / Spieler
Kleingruppen von 3–5 Lernenden

Spieldauer
ca. 10 Minuten

Vorbereitung

- Kopiervorlage für jede Gruppe einmal kopieren und auseinanderschneiden

Spielverlauf
Eine Person ist die Spielleiterin / der Spielleiter. Diese Person bekommt die entsprechende Tabelle von der Kopiervorlage und liest die Chunks / Arbeitsanweisungen in beliebiger Reihenfolge vor. Die anderen Gruppenmitglieder bekommen je eine Bingo-Vorlage (bei 3er- oder 4er-Gruppen sind 1–2 Tabellen überzählig) mit Bildern der Arbeitsanweisungen. Wenn eine Arbeitsanweisung von der Bingo-Vorlage genannt wird, wird sie angekreuzt. Wer zuerst drei Kreuze in einer waagerechten, senkrechten oder diagonalen Reihe hat, ruft „Bingo". Die Gruppe vergleicht dann gemeinsam, ob richtig angekreuzt wurde.

Variante
Das Spiel kann auch im Plenum gespielt werden.

Anmerkung
Zur Kontrolle oder zur Vorentlastung können Sie die Lösung auf S. 138 heranziehen.

Anschlussaktivitäten

- Eine Person liest die Arbeitsanweisungen laut vor, die anderen machen die entsprechende Pantomime dazu.
- Arbeitsanweisungen und Bilder können zugeordnet und im Klassenraum aufgehängt werden; bei Bedarf kann die Lehrkraft darauf verweisen.

Chunks / Arbeitsanweisungen (Tabelle für die Spielleiterin / den Spielleiter)

Lesen Sie.	Schreiben Sie.	Sprechen Sie.	Hören Sie.
Kreuzen Sie an.	Füllen Sie aus.	Verbinden Sie.	Markieren Sie.
Sehen Sie.	Vergleichen Sie.	Zeigen Sie.	Ordnen Sie zu.
Buchstabieren Sie.	Fragen Sie.	Spielen Sie.	Schlagen Sie das Buch auf.

Bingo-Vorlage (Tabellen für die anderen Gruppenmitglieder)

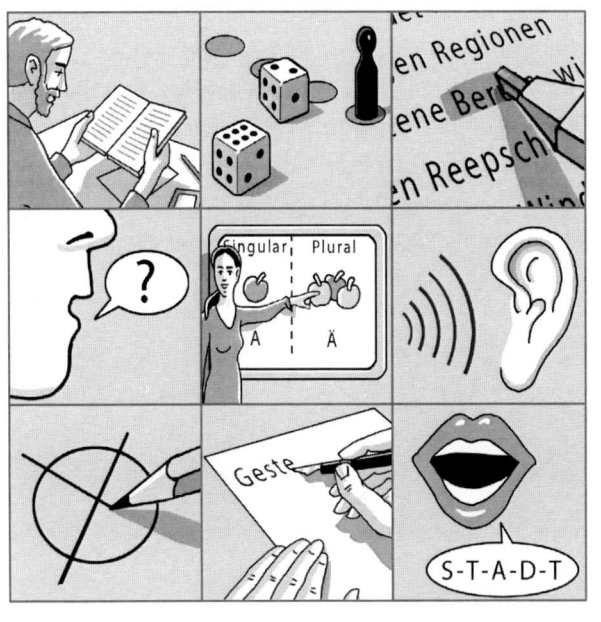

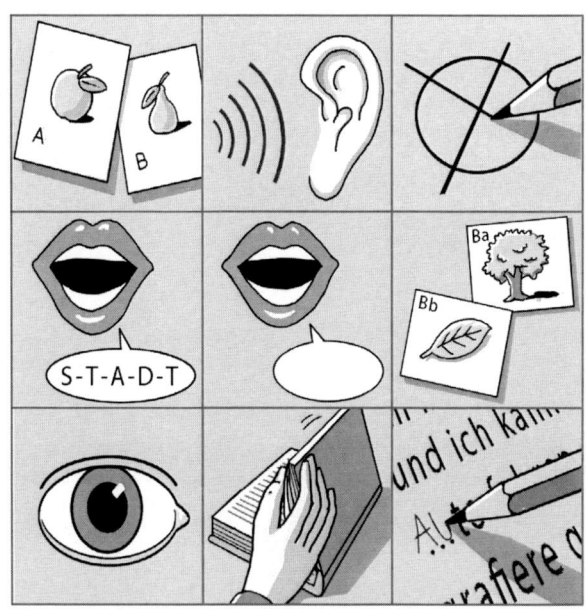

55 Spiele mit Chunks
ISBN 978-3-12-674152-1

2 | Domino: Arbeitsanweisungen

Sprachniveau
A1

Thema / Situation
Komplexere Arbeitsanweisungen verstehen

Anzahl der Spielerinnen / Spieler
Kleingruppen von 3–5 Personen

Spieldauer
ca. 10 Minuten

Vorbereitung
- Kopiervorlage für jede Gruppe einmal (evtl. auf stärkeres Papier) kopieren und zerschneiden

Spielverlauf
Jede Gruppe erhält einen Satz Dominokärtchen. Die Karten werden gemischt und gleichmäßig an alle Gruppenmitglieder verteilt, die sie so vor sich liegen haben, dass die anderen Spielerinnen und Spieler sie nicht sehen können. Ein Kärtchen liegt aufgedeckt in der Mitte des Tisches. Reihum legen alle eine passende Karte dazu und lesen die Aussage laut vor. Wenn jemand keine passende Karte hat, muss sie / er eine Runde aussetzen. Gewonnen hat, wer zuerst alle Kärtchen anlegen konnte.

Redemittel
- Das passt.
- Das passt nicht.
- Das geht nicht.
- Das ist richtig.
- Das ist falsch.

ANFANG	Lesen Sie bitte	den Text durch.	Sprechen Sie
mit Ihrer Partnerin / Ihrem Partner.	Schreiben Sie	die Sätze in Ihr Heft.	Hören Sie
gut zu.	Kreuzen Sie	die richtige Antwort an.	Füllen Sie
den Lückentext aus.	Verbinden Sie	die Sätze mit einem Strich.	Markieren Sie
die Schlüsselwörter mit einem Textmarker.	Sehen Sie sich	das Bild genau an.	Spielen Sie
das Spiel in einer Kleingruppe.	Vergleichen Sie	die Lösung mit Ihrem/r Partner/in	Zeigen Sie
auf das passende Bild.	Ordnen Sie	die Sätze den Bildern zu.	Buchstabieren
Sie bitte das Wort.	Fragen Sie	Ihre Nachbarin / Ihren Nachbarn.	Schlagen Sie
das Buch auf Seite 30 auf.	Ergänzen Sie	die fehlenden Endungen.	Unterstreichen Sie
alle Verben mit einem Bleistift.	Nehmen Sie sich	ein Arbeitsblatt.	**ENDE**

55 Spiele mit Chunks
ISBN 978-3-12-674152-1

© Ernst Klett Sprachen GmbH, Stuttgart 2020 | www.klett-sprachen.de | Alle Rechte vorbehalten. Die Nutzung der Inhalte für Text- und Data-Mining ist ausdrücklich vorbehalten und daher untersagt. Von dieser Druckvorlage ist die Vervielfältigung für den eigenen Unterrichtsgebrauch gestattet. Die Kopiergebühren sind abgegolten.

3 | Arbeitsaufträge

Sprachniveau
A1

Thema / Situation
Komplexe Arbeitsaufträge verstehen

Anzahl der Spielerinnen / Spieler
Plenum, ab 6 Personen

Spieldauer
ca. 5 Minuten

Vorbereitung
- Kopiervorlage einmal kopieren und zerschneiden

Spielverlauf
Die Lernenden sitzen in einem Kreis. Jede / Jeder Lernende bekommt einen Zettel mit einem Satz der Kopiervorlage und liest ihn sich durch. Die Lehrkraft liest einen Satz von der Kopiervorlage vor. Alle, die einen Satz mit derselben Bedeutung haben (und auch die Person mit dem vorgelesenen Satz), stehen auf und lesen ihre Sätze laut vor. Nach ein paar Runden werden die Sätze im Uhrzeigersinn weitergegeben.

Anmerkungen
- Immer vier Sätze gehören inhaltlich zusammen.
- Wenn mehr als 16 Lernende in der Gruppe sind, können zwei Personen zusammen einen Zettel nehmen.
- In Gruppen mit weniger Lernenden werden Zettel weggelassen.

Arbeiten Sie alleine.

Machen Sie Einzelarbeit.

Alle arbeiten für sich.

Arbeiten Sie ohne Partnerin / Partner.

Arbeiten Sie mit einer Partnerin / einem Partner.

Machen Sie Partnerarbeit.

Arbeiten Sie zu zweit.

Arbeiten Sie mit einer anderen Person zusammen.

Arbeiten Sie in Gruppen.

Machen Sie Gruppenarbeit.

Arbeiten Sie zu dritt oder zu viert.

Bilden Sie Kleingruppen und arbeiten Sie zusammen.

Bilden Sie einen Stuhlkreis.

Kommen Sie in den Sitzkreis.

Wir treffen uns im Kreis.

Setzen / Stellen Sie sich in einen Kreis.

55 Spiele mit Chunks
ISBN 978-3-12-674152-1

Klett

4 | Kennenlern-Spiel

Sprachniveau
A1

Thema / Situation
Sich vorstellen

Anzahl der Spielerinnen / Spieler
4er-Gruppen (ggf. auch 2er- oder 3er-Gruppen), Plenum

Spieldauer
ca. 10 Minuten

Vorbereitung

■ Kopiervorlage einmal kopieren und zerschneiden

Spielverlauf
Alle Lernenden erhalten eine Karte der Kopiervorlage mit vier Informationen.
Die Lernenden lesen die Informationen und lernen den ersten Satz auswendig.
Sie gehen im Kursraum umher und sprechen „ihren" Satz halblaut. Ziel ist es, die
anderen drei Lernenden mit derselben Person zu finden. Wenn die Viereргruppe
komplett ist, stellt sich die Gruppe im Plenum vor.

Anmerkungen

■ Sollte eine Gruppe mit nur zwei oder drei Personen übrigbleiben, müssen zwei
  Karten bzw. muss eine Karte entfernt werden.
■ Das Spiel kann in großen Gruppen durch weitere Personen ergänzt werden.
■ Sollten Sie weniger als 20 Lernende im Kurs haben, lassen Sie entsprechend
  viele Karten weg.

Anschlussaktivität
Dasselbe Spiel kann mit Fragen gespielt werden:

■ Wie heißt du?
■ Woher kommst du?
■ Wo lebst du?
■ Wo wohnst du?

Die Lernenden gehen im Kursraum umher und formulieren die Frage zum ersten
Satz auf ihrem Zettel. Wenn sie eine passende Antwort bekommen, suchen sie
gemeinsam weiter, bis die Vierergruppe komplett ist.

Ich heiße Jochen Maier. Ich komme aus Deutschland. Ich lebe in München. Ich wohne in der Echingerstraße.	**Ich komme aus Deutschland.** Ich heiße Jochen Maier. Ich lebe in München. Ich wohne in der Echingerstraße.	**Ich lebe in München.** Ich heiße Jochen Maier. Ich komme aus Deutschland. Ich wohne in der Echingerstraße.	**Ich wohne in der Echingerstraße.** Ich heiße Jochen Maier. Ich komme aus Deutschland. Ich lebe in München.
Ich heiße Christa Fink. Ich komme aus Österreich. Ich lebe in Wien. Ich wohne in der Neubaugasse.	**Ich komme aus Österreich.** Ich heiße Christa Fink. Ich lebe in Wien. Ich wohne in der Neubaugasse.	**Ich lebe in Wien.** Ich heiße Christa Fink. Ich komme aus Österreich. Ich wohne in der Neubaugasse.	**Ich wohne in der Neubaugasse.** Ich heiße Christa Fink. Ich komme aus Österreich. Ich lebe in Wien.
Ich heiße Martin Müller. Ich komme aus der Schweiz. Ich lebe in Zürich. Ich wohne in der Färberstraße.	**Ich komme aus der Schweiz.** Ich heiße Martin Müller. Ich lebe in Zürich. Ich wohne in der Färberstraße.	**Ich lebe in Zürich.** Ich heiße Martin Müller. Ich komme aus der Schweiz. Ich wohne in der Färberstraße.	**Ich wohne in der Färberstraße.** Ich heiße Martin Müller. Ich komme aus der Schweiz. Ich lebe in Zürich.
Ich heiße Erika Lensen. Ich komme aus Deutschland. Ich lebe in Berlin. Ich wohne in der Invalidenstraße.	**Ich komme aus Deutschland.** Ich heiße Erika Lensen. Ich lebe in Berlin. Ich wohne in der Invalidenstraße.	**Ich lebe in Berlin.** Ich heiße Erika Lensen. Ich komme aus Deutschland. Ich wohne in der Invalidenstraße.	**Ich wohne in der Invalidenstraße.** Ich heiße Erika Lensen. Ich komme aus Deutschland. Ich lebe in Berlin.
Ich heiße Mathias Schwarz. Ich komme aus Liechtenstein. Ich lebe in Vaduz. Ich wohne in der Rheinstraße.	**Ich komme aus Liechtenstein.** Ich heiße Mathias Schwarz. Ich lebe in Vaduz. Ich wohne in der Rheinstraße.	**Ich lebe in Vaduz.** Ich heiße Mathias Schwarz. Ich komme aus Liechtenstein. Ich wohne in der Rheinstraße.	**Ich wohne in der Rheinstraße.** Ich heiße Mathias Schwarz. Ich komme aus Liechtenstein. Ich lebe in Vaduz.

55 Spiele mit Chunks
ISBN 978-3-12-674152-1

5 | Wollfadenspiel: Erstes Kennenlernen

Sprachniveau
A1

Thema / Situation
Erstes Kennenlernen

Anzahl der Spielerinnen / Spieler
Plenum, ab 5 Personen

Spieldauer
ca. 5 Minuten

Benötigtes Material
■ Wollknäuel

Spielverlauf
Die Lehrkraft hat das Wollknäuel in der Hand und sagt den ersten Satz.

Beispiel: „Mein Vorname ist …, mein Familienname ist …"

Sie hält den Anfang des Knäuels fest und wirft es einer / einem Lernenden zu, die / der den Satz mit den eigenen Angaben wiederholt. Dann wirft diese Person das Wollknäuel weiter, behält den Faden aber in der Hand. Wenn alle Lernenden an der Reihe waren, wird das Wollknäuel zur Lehrkraft zurückgeworfen. Diese sagt den nächsten Satz.

Beispiel: „Ich komme aus …"

Dann wirft sie das Knäuel an die letzte Spielerin / den letzten Spieler zurück. Diese Person wickelt ihre Wolle auf und wiederholt den Satz mit den eigenen Angaben. Sie wirft das Knäuel der Person zu, von der sie es in der ersten Runde bekommen hat usw. Am Ende sollte das aufgewickelte Wollknäuel wieder bei der Lehrkraft sein.

Variante
In sehr großen Gruppen kann man statt des Wollknäuels auch einen weichen Ball verwenden. In diesem Fall ist in der zweiten Runde die Reihenfolge unwichtig.

6 | Kennenlern-Puzzle

Sprachniveau
A1

Thema / Situation
Duzen und *Siezen*

Anzahl der Spielerinnen / Spieler
Kleingruppen von 3 Personen

Spieldauer
ca. 5 Minuten

Vorbereitung
- Kopiervorlage 1 entsprechend der Anzahl der Gruppen kopieren (eine Tabelle pro Gruppe, d.h. für 3 Gruppen Kopiervorlage 1 einmal kopieren) und zerschneiden
- Kopiervorlage 2 für jede Gruppe einmal kopieren und zerschneiden

Spielverlauf
Jede Gruppe bekommt Antwortkarten (Kopiervorlage 1) und ein Puzzle-Set (Kopiervorlage 2). Die Antwortkarten liegen verdeckt auf dem Tisch. Jede / Jeder Lernende bekommt drei Puzzle-Teile. Eine Person deckt eine Antwortkarte auf, nennt die Nummer, die auf der Karte steht, und liest den Antwortsatz vor. Wer das Puzzleteil mit der gleichen Nummer hat, formuliert die entsprechende Frage. Wird die Frage richtig formuliert, darf das Puzzleteil abgelegt werden. Am Ende soll sich ein Bild ergeben.

Anmerkung
Die Redemittel können vergrößert und als Lösung im Unterrichtsraum aufgehängt werden. Falls sich die Gruppen nicht sicher sind, ob eine Frage richtig formuliert ist, können sie dort nachschauen.

Redemittel
- Wie heißt du? – Toni.
- Woher kommst du? – Aus Ungarn.
- Wo wohnst du? – In der Beethovenstraße.
- Wie geht´s? – Gut, und dir?
- Ist Toni der Vorname oder der Familienname? – Der Vorname.
- In welcher Stadt bist du geboren? – In Budapest.
- Wie alt bist du? – Ich bin 24.
- Was machst du beruflich? – Ich bin Programmierer.
- Seit wann lernst du Deutsch? – Seit einem halben Jahr.

Kopiervorlage 1

Toni. ❶	Aus Ungarn. ❷	In der Beethovenstraße. ❸
Gut, und dir? ❹	Der Vorname. ❺	In Budapest. ❻
Ich bin 24. ❼	Ich bin Programmierer. ❽	Seit einem halben Jahr. ❾

Toni. ❶	Aus Ungarn. ❷	In der Beethovenstraße. ❸
Gut, und dir? ❹	Der Vorname. ❺	In Budapest. ❻
Ich bin 24. ❼	Ich bin Programmierer. ❽	Seit einem halben Jahr. ❾

Toni. ❶	Aus Ungarn. ❷	In der Beethovenstraße. ❸
Gut, und dir? ❹	Der Vorname. ❺	In Budapest. ❻
Ich bin 24. ❼	Ich bin Programmierer. ❽	Seit einem halben Jahr. ❾

55 Spiele mit Chunks
ISBN 978-3-12-674152-1

55 Spiele mit Chunks
ISBN 978-3-12-674152-1

7 | Wie viel Uhr ist es?

Sprachniveau
A1

Thema / Situation
Uhrzeiten: volle Stunden

Anzahl der Spielerinnen / Spieler
Plenum

Spieldauer
5–10 Minuten

Spielverlauf
Die Lehrkraft fragt: „Wie viel Uhr ist es?" Eine beliebige Person antwortet und wiederholt die Frage.

Beispiel:

> „Es ist ein Uhr. – Wie viel Uhr ist es?"

Die nächste Person setzt die Reihe fort: „Es ist zwei Uhr. – Wie viel Uhr ist es?" (*dann:* „Es ist drei Uhr. – Wie viel Uhr ist es?" usw.). Die Reihenfolge, in der die Lernenden antworten, muss beliebig sein. Wenn zwei Lernende gleichzeitig zu sprechen beginnen, wird die Runde abgebrochen und es wird wieder von vorne begonnen. Die Runde endet, wenn alle Lernenden geantwortet haben.

Anmerkungen

- Die Lernenden dürfen die Reihenfolge nicht absprechen, sie dürfen sich lediglich durch Mimik verständigen. Dazu ist es gut, wenn sie im Kreis stehen oder sitzen.
- Um einen Überblick darüber zu haben, ob alle Lernenden geantwortet haben, kann man vorher anhand der Anzahl der Lernenden ausrechnen, welche Uhrzeit als letzte genannt werden muss.
- Besprechen Sie vorher, ob die Lernenden für die zweite Tageshälfte beispielsweise die Formulierung „Es ist acht Uhr." oder „Es ist 20 Uhr." benutzen sollen und wie 00.00 Uhr bezeichnet werden soll: null Uhr, zwölf Uhr oder Mitternacht.

8 | Um wie viel Uhr kommst du?

Sprachniveau
A1

Thema / Situation
Uhrzeiten

Anzahl der Spielerinnen / Spieler
Plenum

Spieldauer
ca. 10 Minuten

Benötigtes Material
■ ein weicher Ball

Spielverlauf
Die Lernenden stehen in einem Kreis. Die Lehrkraft gibt ein Zeitintervall vor,
z. B. eine Viertelstunde und beginnt das Spiel.

Beispiel: „Ich komme um ein Uhr. Und du?"

Sie wirft den Ball einer / einem Lernenden zu, die / der entsprechend dem
vorgegebenen Intervall auf die Frage antwortet.

Beispiel: „Ich komme um Viertel nach eins. Und du?"

Diese Person wirft den Ball der nächsten Person zu, die „Ich komme um halb zwei.
Und du?" sagen muss (*dann*: Viertel vor zwei, zwei Uhr usw.). Wer an der Reihe war,
setzt sich oder tritt einen Schritt zurück. Wenn jemand einen Fehler macht,
bekommt die Lehrkraft den Ball. Die Lernenden stellen sich wieder hin bzw. gehen
wieder einen Schritt vor. Die Lehrkraft nennt eine neue Uhrzeit und die Runde
beginnt von vorne. Das Spiel ist zu Ende, wenn eine Runde fehlerfrei durchgespielt
wurde.

Anmerkung
Dieses Spiel kann auch mit anderen Intervallen gespielt werden, z. B. fünf Minuten,
zehn Minuten, eine halbe Stunde, zwei Stunden usw.

Redemittel
■ Ich komme um ... Uhr.
■ Ich komme um Viertel nach ...
■ Ich komme um halb ...
■ Ich komme um Viertel vor ...

9 | Domino: Wie reagieren Sie?

Sprachniveau
A1

Thema / Situation
Alltagssituationen

Anzahl der Spielerinnen / Spieler
Kleingruppen von 3–5 Personen

Spieldauer
ca. 10 Minuten

Vorbereitung
- Kopiervorlage einmal für jede Gruppe (eventuell auf stärkeres Papier) kopieren und zerschneiden

Spielverlauf
Jede Gruppe erhält einen Satz Dominokarten. Die Karten werden gemischt und gleichmäßig an alle Gruppenmitglieder verteilt, die sie verdeckt vor sich liegen haben. Ein Kärtchen liegt aufgedeckt in der Mitte des Tisches. Reihum legen alle Lernenden eine passende Karte dazu und lesen die Aussage laut vor.

Beispiel: „Du grüßt jemanden formell. – Guten Tag."

Wenn eine Person keine passende Karte hat, muss sie eine Runde aussetzen. Gewonnen hat, wer zuerst alle Kärtchen anlegen konnte.

Anmerkungen
- Geben Sie vorher an, ob die Lernenden die *du-* oder die *Sie-*Form auf den Karten (wo zutreffend) benutzen sollen.
- Klären Sie ggf. vorher Wortschatz, z. B. *nießen, gegen jemanden stoßen*.

Redemittel
- Das passt (zusammen).
- Das passt nicht (zusammen).
- Das sagt man nicht.
- Doch, das sagt man.

Gern geschehen.	Du grüßt / Sie grüßen jemanden formell.	Guten Tag.	Du triffst / Sie treffen am Nachmittag Freunde.
Hallo!	Du kommst / Sie kommen am Morgen zur Arbeit.	Guten Morgen!	Du triffst / Sie treffen am Abend jemanden (formeller Gruß).
Guten Abend!	Du verabschiedest dich am Abend. / Sie verabschieden sich am Abend.	Gute Nacht, bis bald!	Dein / Ihr Bruder geht zu Bett.
Schlaf gut!	Du verabschiedest dich von Freunden. / Sie verabschieden sich von Freunden.	Tschüss!	Dein / Ihr Chef geht nach Hause.
Auf Wiedersehen!	Jemand niest.	Gesundheit!	Jemand ist krank.
Gute Besserung!	Du stößt / Sie stoßen gegen jemanden.	Entschuldigung!	Vor dem Essen sagt man …
Guten Appetit!	Vor dem Trinken sagt man …	Zum Wohl!	Du wünschst / Sie wünschen jemandem Glück.
Viel Glück!	Eine Freundin geht auf eine Party.	Viel Spaß!	Wie geht es dir / Ihnen?
Danke, gut.	Du hast / Sie haben etwas nicht verstanden.	Wie bitte?	Ihr trefft euch / Sie treffen sich in einer Stunde.
Bis gleich.	Ihr trefft euch / Sie treffen sich morgen.	Bis morgen.	Ihr trefft euch / Sie treffen sich nächste Woche.
Bis nächste Woche.	Ihr trefft euch / Sie treffen sich irgendwann.	Bis bald.	Jemand bedankt sich bei dir / Ihnen.

55 Spiele mit Chunks
ISBN 978-3-12-674152-1

10 | Wie heißt das auf Deutsch?

Sprachniveau
A1

Thema / Situation
Nach Begriffen fragen, Begriffe buchstabieren

Anzahl der Spielerinnen / Spieler
beliebig, gespielt wird in Partnerarbeit

Spieldauer
ca. 10 Minuten

Vorbereitung
- Kopiervorlage einmal für jedes Paar kopieren und auseinanderschneiden

Spielverlauf
Die Lernenden arbeiten zu zweit. Sie sollen ihre Informationen austauschen.
Dazu bekommt Lernende / Lernender A Kopiervorlage 1, Lernende / Lernender B
Kopiervorlage 2. A zeigt B das Bild und fragt: „Wie heißt das auf Deutsch?";
A bittet B auch darum, das Wort zu buchstabieren. Danach wird getauscht.
Die erhaltenen Informationen werden notiert.

Anmerkungen
- Vor dem Spiel sollten die Lernenden das Buchstabieren auf Deutsch gelernt
  haben, damit sie die Wörter auf der Kopiervorlage korrekt buchstabieren
  können.
- Die Lösungen für das jeweils andere Arbeitsblatt finden sich am unteren Rand
  des eigenen Blattes.

Redemittel
- Wie heißt das auf Deutsch?
- Wie schreibt man das?
- Kannst du / Können Sie das buchstabieren?
- Kannst du / Können Sie das wiederholen?
- Kannst du / Können Sie bitte langsamer sprechen?

Kopiervorlage 1 – Spielerin / Spieler A

Wie heißt das auf Deutsch?

Wie schreibt man das?
Kannst du / Können Sie das buchstabieren?

Lösung von Kopiervorlage 2: Stift, Tasche, Computer, Äpfel, Fahrrad

Kopiervorlage 2 – Spielerin / Spieler B

Wie heißt das auf Deutsch?

Wie schreibt man das?
Kannst du / Können Sie das buchstabieren?

Lösung von Kopiervorlage 1: Zug, Blumen, Mann, Tür, Schirm

55 Spiele mit Chunks
ISBN 978-3-12-674152-1

11 | Fragespiel: Wo gehst du hin?

Sprachniveau
A1

Thema / Situation
Ziele erfragen

Anzahl der Spielerinnen / Spieler
Kleingruppen von 4–5 Personen

Spieldauer
ca. 5 Minuten

Vorbereitung
- Kopiervorlage für jede Gruppe einmal kopieren und zerschneiden

Spielverlauf
Die Lernenden sitzen in Kleingruppen im Kreis. Die Karten der Kopiervorlage liegen verdeckt in der Mitte. Die erste Person fragt die Nachbarin / den Nachbarn: „Wo gehst du hin?". Die angesprochene Person nimmt die obere Karte vom Stapel und liest die Antwort vor.

Beispiel: „Ins Kino."

Sie behält die Karte und fragt die nächste Person: „Wo gehst du hin?" usw. Wenn eine Lernende / ein Lernender als Antwort *Nirgendwohin* zieht, werfen alle Lernenden ihre Kärtchen zurück in die Mitte. Die Karten werden neu gemischt und das Spiel beginnt von vorne. Die gezogene *Nirgendwohin*-Karte bleibt bei der Person, die sie gezogen hat. Das Spiel ist zu Ende, wenn die vierte *Nirgendwohin*-Karte gezogen wurde; wer diese Karte zieht, hat verloren.

Variante
Wenn die Kärtchen mit den Ortsangaben von der Lehrkraft erweitert werden, kann man das Spiel auch im Plenum spielen.

Nach Hause.

In die Stadt.

Nirgendwohin.

Nirgendwohin.

Zur Schule.

Ins Café.

Zum Sprachkurs.

Nirgendwohin.

Ins Kino.

Zur Arbeit.

In den Park.

Nirgendwohin.

55 Spiele mit Chunks
ISBN 978-3-12-674152-1

12 | Bewegungsspiel: Ist hier noch frei?

Sprachniveau
A1

Thema / Situation
Nach einem freien Platz fragen

Anzahl der Spielerinnen / Spieler
Plenum

Spieldauer
5–10 Minuten

Spielverlauf
Die Lernenden stellen ihre Stühle im Kreis auf. Es gibt einen Stuhl weniger als es Lernende gibt. Eine Person steht in der Mitte, geht auf eine Mitspielerin / einen Mitspieler zu und stellt eine Frage (s. Redemittel).

Beispiel: „Ist hier noch frei?"

Die angesprochene Person hat zwei Möglichkeiten zu antworten.

Beispiel: „Tut mir leid, der Platz ist besetzt."

In diesem Fall muss weitergefragt werden. Die zweite Möglichkeit ist eine positive Antwort.

Beispiel: „Ja, hier ist noch frei."

In diesem Fall stehen alle auf und suchen einen neuen Platz. Die Spielerin / Der Spieler in der Mitte setzt sich ebenfalls. Wer keinen Stuhl findet, fragt weiter.

Anmerkung
Die Redemittel sollten vor dem Spiel geübt werden, um einen reibungslosen Spielablauf zu gewährleisten.

Redemittel
- Ist hier noch frei?
- Ist der Platz noch frei?

Möglichkeiten für eine negative Antwort:
- Tut mir leid, der Platz ist besetzt.
- Hier ist leider besetzt.

Möglichkeiten für eine positive Antwort:
- Ja, hier ist noch frei.
- Ja, der Platz ist frei.

13 | Stille Post

Sprachniveau
A1

Thema / Situation
Auf Gesagtes reagieren

Anzahl der Spielerinnen / Spieler
Plenum, ab 6 Personen

Spieldauer
5–10 Minuten

Vorbereitung
- Redemittel an die Tafel schreiben

Spielverlauf
Die Lernenden stehen oder sitzen in einem Kreis. Eine Lernende / Ein Lernender
oder die Lehrkraft flüstert der benachbarten Person einen Satz ins Ohr. Diese muss
reagieren, indem sie laut eine Phrase von den Redemitteln sagt, auf die die
Sprecherin / der Sprecher reagiert.

Beispiel:

> A: „Jan hat heute verschlafen."
> B: „Wirklich?"
> A: „Ja, sicher."

Dann flüstert dieselbe Person (B) der nächsten Person den Satz, so wie sie ihn
verstanden hat, ins Ohr. Dies wird fortgesetzt, bis alle Lernenden an der Reihe
waren. Die / Der letzte Lernende sagt den Satz, so wie sie / er ihn verstanden hat,
laut. Wenn man möchte, kann man das Ganze von der anderen Seite noch einmal
wiederholen.

Anmerkungen
- Sie können für dieses Spiel beliebige Sätze verwenden oder Sätze aus der
  aktuellen Lektion.
- Tipp: Schreiben Sie den Satz, der geflüstert wird, vorher an die Rückseite der
  Tafel oder auf ein Blatt Papier, damit sich die Sprecherin / der Sprecher noch
  daran erinnern kann.

Redemittel
- Wie bitte? Noch einmal. – (Der Satz wird noch einmal ins Ohr geflüstert.)
- Wirklich? – Ja, sicher.
- Stimmt das? – Natürlich.
- Das kann nicht sein! – Doch, ist aber so.
- Im Ernst? – Ja, klar.
- Das ist interessant. – Finde ich auch!

14 | Kreisspiel: Essensaufforderung

Sprachniveau
A1

Thema / Situation
Ein freundliches Angebot annehmen oder ablehnen

Anzahl der Spielerinnen / Spieler
Plenum, ab 5 Personen

Spieldauer
ca. 5 Minuten

Benötigtes Material
- Tüte mit Bonbons (für die Variante: kleine Schokoladen oder Kekse)

Vorbereitung
- Redemittel an die Tafel schreiben

Spielverlauf
Die Lernenden stellen sich im Kreis auf. Eine beliebige Person gibt der Person rechts neben sich die Tüte und sagt: „Nimm doch ein Bonbon." Die / Der Lernende antwortet: „Danke, gern." Sie / Er nimmt die Tüte, nimmt ein Bonbon heraus und spricht die nächste Person rechts von sich mit demselben Satz an. Die Tüte geht reihum, bis sie wieder am Anfang angekommen ist. Nun wird die Tüte in umgekehrter Richtung wieder weitergegeben mit dem Satz: „Nimm doch noch etwas." Die / Der Lernende antwortet: „Nein, danke, ich möchte nichts mehr." Danach spricht sie / er die nächste Person an usw.

Varianten
- Man kann auch Schokolade oder Kekse herumgeben, damit auch die maskuline und feminine Form geübt wird.
- Die ganze Aktivität kann auch in der *Sie*-Form durchgeführt werden: „Nehmen Sie doch ein Bonbon." / „Nehmen Sie doch noch etwas."

Anmerkung
Die Lehrkraft soll darauf achten, dass die Partikel *doch* nicht betont wird.

Redemittel
- Nimm / Nehmen Sie doch ein Bonbon / eine Schokolade / einen Keks.
- Danke, gern.
- Nimm / Nehmen Sie doch noch etwas.
- Nein, danke, ich möchte nichts mehr.

15 | Dialogspiel: Preise vergleichen

Sprachniveau
A1

Thema / Situation
Lebensmittel für eine Kursparty einkaufen

Anzahl der Spielerinnen / Spieler
Partnerarbeit oder Kleingruppe

Spieldauer
ca. 30 Minuten

Vorbereitung
- Redemittel an die Tafel schreiben
- Kopiervorlage 1 immer für zwei Gruppen einmal kopieren und auseinanderschneiden
- Kopiervorlage 2 für jede Gruppe einmal kopieren

Spielverlauf
Die Lernenden planen eine Kursparty. Sie haben 30 Euro zur Verfügung. Sie sollen Essen und Getränke für 20 Personen kaufen und nur wenig dafür bezahlen. Dazu vergleichen sie die Preise und machen eine Einkaufsliste. Sie müssen entscheiden, wo sie was einkaufen.

Redemittel
- Wie viel kostet / kosten … bei …?
- Das kostet …
- Das ist teuer.
- Das ist teurer.
- Das ist billig.
- Das ist billiger.
- Wir nehmen … von …
- Wir kaufen … bei …

Anschlussaktivität
Die Einkaufslisten werden im Plenum vorgestellt.

Kopiervorlage 1

Einkaufsliste

	IBO	SOLA

Essen

– .... :	.... €	.... €
– .... :	.... €	.... €
– .... :	.... €	.... €
– .... :	.... €	.... €

Getränke

– .... :	.... €	.... €
– .... :	.... €	.... €
	.... €	.... €

Gesamt: .... €

✂ -

Einkaufsliste

	IBO	SOLA

Essen

– .... :	.... €	.... €
– .... :	.... €	.... €
– .... :	.... €	.... €
– .... :	.... €	.... €

Getränke

– .... :	.... €	.... €
– .... :	.... €	.... €
	.... €	.... €

Gesamt: .... €

55 Spiele mit Chunks
ISBN 978-3-12-674152-1

© Ernst Klett Sprachen GmbH, Stuttgart 2020 | www.klett-sprachen.de | Alle Rechte vorbehalten. Die Nutzung der Inhalte für Text- und Data-Mining ist ausdrücklich vorbehalten und daher untersagt. Von dieser Druckvorlage ist die Vervielfältigung für den eigenen Unterrichtsgebrauch gestattet. Die Kopiergebühren sind abgegolten.

SONDERANGEBOTE IBO

Würstchen
10 Stück zu **4,80 €**

Käse
5 € /Kilo

Kekse
0,50 kg **6 €**

Brot
1,20 € pro Kilo

verschiedene Aufstriche
200g zu je **1,50 €**

Knabbergebäck
jede Sorte **0,90 €**

verschiedene Säfte
0,50 € je Liter

Mineralwasser
0,90 € je Flasche (1,5 Liter)

SONDERANGEBOTE SOLA

Bananen
1 € pro Kilo

Käse
0,5 kg für **3 €**

Brötchen
0,10 € pro Stück

Wurst
100 g für **0,40 €**

Kuchen
das Stück für **1 €**

verschiedene Säfte
0,90 € je Liter

Mineralwasser
pro Liter **0,80 €**

Klett

16 | Speed-Shopping

Sprachniveau
A1

Thema / Situation
Lebensmittel einkaufen

Anzahl der Spielerinnen / Spieler
Plenum, ab 8 Personen

Spieldauer
ca. 15 Minuten

Vorbereitung

- Kopiervorlage 1 einmal kopieren und zerschneiden
- Kopiervorlage 2 entsprechend der Anzahl der Lernenden kopieren
  (eine Einkaufsliste pro Person)

Spielverlauf
Die Gruppe wird zweigeteilt. In der einen Gruppe sind Verkäuferinnen /
Verkäufer (V); diese bekommen pro Person 1–3 Bildkarten mit Waren, die sie
„verkaufen". In der anderen (größeren) Gruppe sind die Käuferinnen / Käufer (K);
sie bekommen Einkaufslisten mit je vier Waren, die sie kaufen sollen. Dazu suchen
sie die Verkäuferinnen / Verkäufer auf, die im Unterrichtsraum verteilt stehen.
Die Lernenden sollen sich an die vorgegebenen Dialoge halten.

Beispiel:

> V: „Was darf es sein?"
>
> K: „Ich hätte gern Birnen."
>
> V: „Bitte sehr. Haben Sie noch einen Wunsch?"
>
> K: „Ja. Ich hätte gern noch Fisch."
>
> V: „Fisch habe ich leider nicht."
>
> K: „Danke, auf Wiedersehen."

Wenn eine Ware „gekauft" wurde, erhält die Käuferin / der Käufer die entsprechende Bildkarte. Das Spiel ist aus, wenn die erste Person alle Waren auf dem
Einkaufszettel erworben hat. Dann werden die Rollen getauscht und die Karten
neu verteilt.

Anmerkungen

- Thematisieren Sie vor dem Spiel den Null-Artikel.
- Die Kopiervorlagen passen für bis zu 30 Lernende (24 V, 6 K). Bei einer
  geringeren Anzahl an Lernenden bekommen die Verkäuferinnen / Verkäufer
  mehr als eine Karte.
- Sie können die Redemittel an die Tafel schreiben oder vorher gut üben.

Redemittel

- Was darf es sein?
- Ich hätte gern (noch) …
- Bitte sehr.
- Haben Sie (außerdem) noch einen Wunsch?
- … habe ich leider nicht.
- Danke, auf Wiedersehen.

Kopiervorlage 1

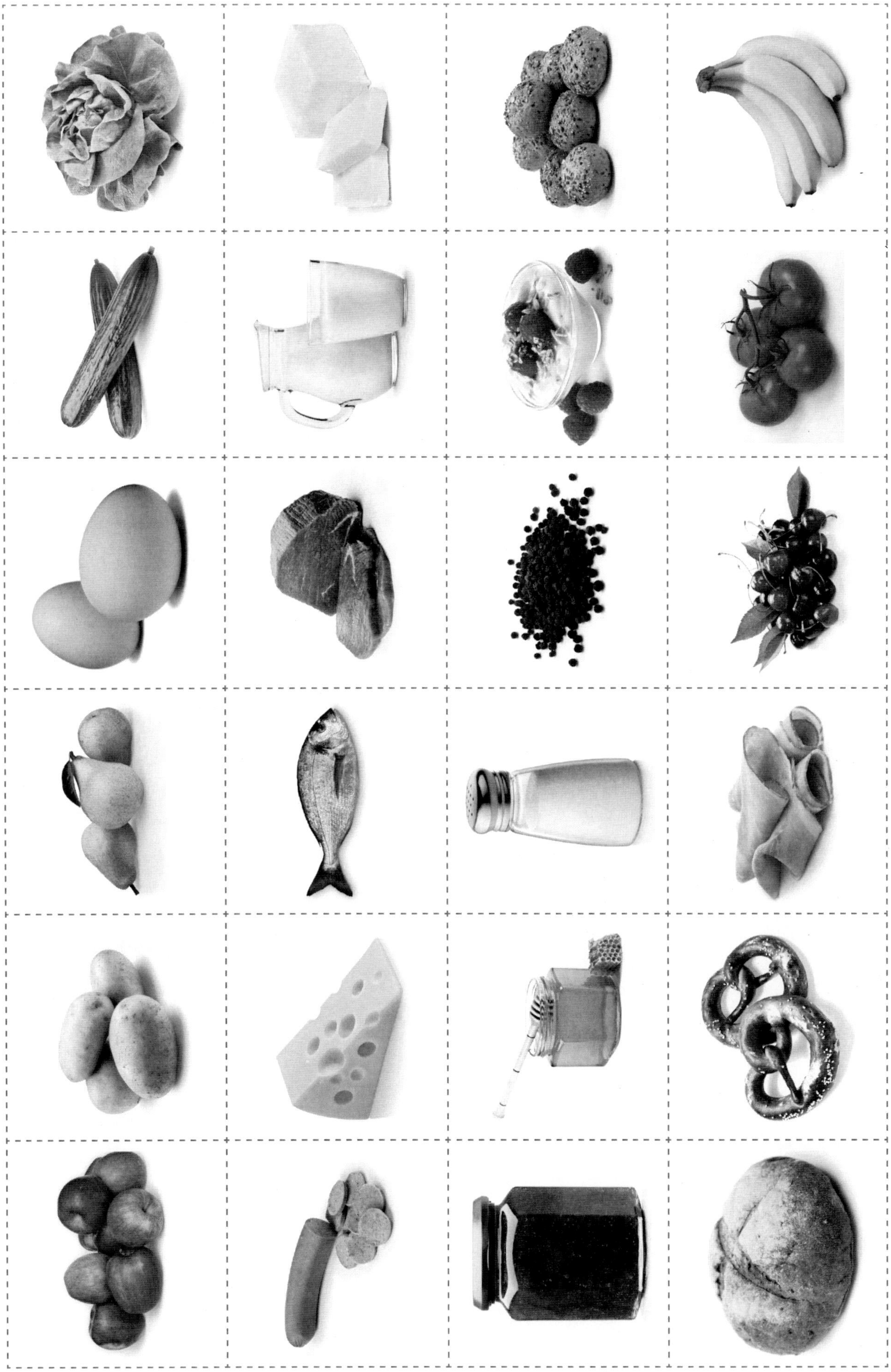

Kopiervorlage 2

Einkaufsliste 1	Einkaufsliste 2	Einkaufsliste 3
Äpfel Wurst Marmelade Brot	Kartoffeln Käse Honig 2 Brezeln	Birnen Fisch Salz Schinken
Einkaufsliste 4	Einkaufsliste 5	Einkaufsliste 6
Eier Fleisch Pfeffer Kirschen	Gurken Milch Jogurt Tomaten	Salat Butter Brötchen Bananen

Einkaufsliste 1	Einkaufsliste 2	Einkaufsliste 3
Äpfel Wurst Marmelade Brot	Kartoffeln Käse Honig 2 Brezeln	Birnen Fisch Salz Schinken
Einkaufsliste 4	Einkaufsliste 5	Einkaufsliste 6
Eier Fleisch Pfeffer Kirschen	Gurken Milch Jogurt Tomaten	Salat Butter Brötchen Bananen

55 Spiele mit Chunks
ISBN 978-3-12-674152-1

17 | Trios: Einkaufen

Sprachniveau
A1

Thema / Situation
Kleidung und Lebensmittel einkaufen

Anzahl der Spielerinnen / Spieler
Kleingruppen von 3–4 Personen

Spieldauer
ca. 15 Minuten

Vorbereitung
■ Kopiervorlagen für jede Gruppe einmal kopieren und zerschneiden

Spielverlauf
Die Karten werden gleichmäßig innerhalb der Gruppe verteilt. Die Lernenden versuchen, drei passende Karten zu bekommen, indem sie fehlende Karten von den anderen Gruppenmitgliedern einfordern. Dazu sprechen sie eine andere Person an.

Beispiel: „Ich suche eine Bluse."

Wenn die angesprochene Person die Karte hat, gibt sie sie heraus. Dieselbe Person darf weiterfragen. Hat sie alle drei Karten, kann sie sie ablegen. Hat die angesprochene Person die Karte nicht, antwortet sie:

Beispiel: „Blusen gibt es nicht."

Die nächste Person ist an der Reihe. Gewonnen hat, wer am Ende die meisten Trios abgelegt hat.

Anmerkung
Üben Sie vor dem Spiel die Pluralformen der Nomen.

Redemittel
■ Hier, bitte.
■ … gibt es nicht.
■ So ein Mist!

Im Kleidergeschäft (1)
Ich suche …

Socken.

eine Bluse.
ein Hemd.

Im Kleidergeschäft (1)
Ich suche …

eine Bluse.

Socken.
ein Hemd.

Im Kleidergeschäft (1)
Ich suche …

ein Hemd.

eine Bluse.
Socken.

Im Kleidergeschäft (2)
Ich suche …

eine Hose.

einen Pullover.
ein Kleid.

Im Kleidergeschäft (2)
Ich suche …

einen Pullover.

eine Hose.
ein Kleid.

Im Kleidergeschäft (2)
Ich suche …

ein Kleid.

einen Pullover.
eine Hose.

Am Imbissstand (1)
Ich möchte …

eine Cola.

einen Burger.
ein Eis.

Am Imbissstand (1)
Ich möchte …

einen Burger.

eine Cola.
ein Eis.

Am Imbissstand (1)
Ich möchte …

ein Eis.

einen Burger.
eine Cola.

Am Imbissstand (2)
Ich möchte …

Pommes.

eine Wurst.
einen Hot Dog.

Am Imbissstand (2)
Ich möchte …

eine Wurst.

Pommes.
einen Hot Dog.

Am Imbissstand (2)
Ich möchte …

einen Hot Dog.

eine Wurst.
Pommes.

55 Spiele mit Chunks
ISBN 978-3-12-674152-1

Klett

Auf dem Markt (1)
Ich brauche …

Eier.

ein Kilo Äpfel.
ein Brot.

Auf dem Markt (1)
Ich brauche …

ein Kilo Äpfel.

Eier.
ein Brot.

Auf dem Markt (1)
Ich brauche …

ein Brot.

Eier.
ein Kilo Äpfel.

Auf dem Markt (2)
Ich brauche …

Kartoffeln.

Salat.
einen Kuchen.

Auf dem Markt (2)
Ich brauche …

Salat.

Kartoffeln.
einen Kuchen.

Auf dem Markt (2)
Ich brauche …

einen Kuchen.

Kartoffeln.
Salat.

Im Geschäft (1)
Ich hätte gern …

100 g Salami.

ein Brötchen.
ein Kilo Käse.

Im Geschäft (1)
Ich hätte gern …

ein Brötchen.

100 g Salami.
ein Kilo Käse.

Im Geschäft (1)
Ich hätte gern …

ein Kilo Käse.

100 g Salami.
ein Brötchen.

Im Geschäft (2)
Ich hätte gern …

eine Banane.

einen Apfel.
Birnen.

Im Geschäft (2)
Ich hätte gern …

einen Apfel.

eine Banane.
Birnen.

Im Geschäft (2)
Ich hätte gern …

Birnen.

eine Banane.
einen Apfel.

55 Spiele mit Chunks
ISBN 978-3-12-674152-1

Klett

18 | Memo-Spiel: Gesundheit, Befinden

Sprachniveau
A1

Thema / Situation
Aussagen zum persönlichen Befinden machen

Anzahl der Spielerinnen / Spieler
Kleingruppen von 2–4 Personen

Spieldauer
ca. 15 Minuten

Vorbereitung

- Kopiervorlagen 1 und 2 für jede Gruppe einmal kopieren und zerschneiden

Spielverlauf
Schritt 1: Die Lernenden bilden zur Vorbereitung in den Kleingruppen Satz-Bild-Paare.
Schritt 2: Die Satz- und Bildkarten werden verdeckt auf den Tisch gelegt. Die / Der erste Lernende dreht eine Satzkarte um, liest den Satz und dreht dann eine Bildkarte um. Wenn das Paar zusammenpasst, darf es behalten werden. Jede Person darf so lange weiterspielen, bis sie zwei Karten aufdeckt, die nicht zusammenpassen. Dann ist die nächste Person an der Reihe. Wer die meisten Paare hat, hat gewonnen.

Variante
Die Lernenden drehen zuerst eine Bildkarte um, formulieren den passenden Satz und drehen dann eine Satzkarte um. Danach ist der Ablauf wieder wie oben.

Anmerkung
Wenn die beiden Kopiervorlagen auf verschiedenfarbiges Papier kopiert werden, können Bild- und Satzkarten besser unterschieden werden. Alternativ können Bild- und Satzkarten getrennt voneinander auf den Tisch gelegt werden.

Redemittel

- Du bist dran. / Sie sind dran.
- Ich bin dran.
- … ist dran.
- Du darfst noch einmal. / Sie dürfen noch einmal.
- Das passt nicht zusammen.
- Du hast gewonnen. / Sie haben gewonnen.
- Ich habe gewonnen.
- … hat gewonnen.

Es geht mir nicht gut.	Mir ist kalt.	Mir ist schlecht.
Mir ist heiß.	Ich bin müde.	Ich bleibe im Bett.
Ich bin gesund.	Ich habe Fieber.	Ich bin erkältet.
Ich habe Kopf- schmerzen.	Ich habe Zahn- schmerzen.	Mir ist warm.

55 Spiele mit Chunks
ISBN 978-3-12-674152-1

Kopiervorlage 2

19 | Pantomime-Spiel: Wetter

Sprachniveau
A1

Thema / Situation
Aussagen zum Wetter machen

Anzahl der Spielerinnen / Spieler
Plenum, ab 6 Personen

Spieldauer
ca. 15 Minuten

Benötigtes Material
- Sanduhr (1 Minute) oder Stoppuhr

Vorbereitung
- Kopiervorlage einmal kopieren und zerschneiden

Spielverlauf
Die Lernenden werden in zwei Gruppen geteilt. Eine Person kommt zur Lehrkraft, zieht eine Karte und stellt den Satz, der auf der Karte steht, pantomimisch dar. Die Gruppe, aus der diese Person kommt, muss die Formulierung innerhalb einer Minute erraten. Schafft sie es, bekommt sie einen Punkt; schafft sie es nicht, bekommt sie keinen Punkt. Dann darf die andere Gruppe raten. Wer am Ende die meisten Punkte hat, hat gewonnen.

Anmerkung
Wenn Sie das Spiel etwas leichter gestalten möchten, schreiben Sie die Sätze von der Kopiervorlage an die Tafel.

Es ist heiß.

Die Sonne scheint.

Es ist windig.

So ein Mistwetter!

Es ist warm.

Es schneit.

Es donnert.

Es kommt ein Gewitter.

Es ist kalt.

Es regnet.

Es blitzt.

Es ist schwül.

55 Spiele mit Chunks
ISBN 978-3-12-674152-1

Klett

20 | Chunk-Geschichte

Sprachniveau
A1

Thema / Situation
Zeiträume angeben

Anzahl der Spielerinnen / Spieler
Plenum

Spieldauer
ca. 10 Minuten

Vorbereitung
- Chunks und Bewegungen an die Tafel schreiben und üben:
  - die ganze Zeit: in die Hände klatschen
  - jeden Tag: mit den Fingern der rechten Hand schnipsen
  - am Anfang: mit den Fingern der linken Hand schnipsen
  - den ganzen Tag: mit beiden Händen auf die Oberschenkel klopfen

Spielverlauf
Die Lehrkraft liest die Geschichte auf der Kopiervorlage[1] vor. Immer wenn im Text einer der oben angegebenen Chunks vorkommt, müssen die Lernenden die entsprechende Bewegung machen.

Anschlussaktivitäten
- Jede / Jeder Lernende formuliert einen Satz mit einem der vier Chunks. Die anderen machen dazu die entsprechenden Bewegungen.
- Die Lernenden schreiben eigene Geschichten nach demselben Muster. Beispiele:
  - Anne ist glücklich. Sie hat einen neuen Pullover. ...
  - Jonas ist unglücklich. Er hat kein neues Auto. ...
  Im Anschluss werden einige Geschichten vorgelesen und wieder Bewegungen zu den Chunks gemacht. Damit die Lernenden ein Muster zur Verfügung haben, wird ihnen die Geschichte ausgeteilt (s. Kopiervorlage).

---

1 Hinweis: Die Kopiervorlage enthält viermal dieselbe Geschichte, damit – falls die Anschlussaktivität durchgeführt wird – der Kopieraufwand gering gehalten wird.

Jeden Tag dasselbe

Jochen ist glücklich. Er hat ein neues Auto. Jeden Tag freut er sich darüber. Bei der Arbeit denkt er die ganze Zeit an sein Auto: Am Vormittag, in der Mittagspause und am Nachmittag. Die ganze Zeit freut er sich auf den Abend. Da fährt er mit seinem Auto herum. Seine Frau Margit denkt am Anfang: Das geht vorbei. Man kann nicht immer den ganzen Tag an ein Auto denken. Man kann nicht jeden Tag nur mit dem Auto herumfahren. Das ist nur am Anfang so. Ich muss Geduld haben. Aber eines Tages wird Margit wütend. Sie sagt: Jeden Tag dasselbe! Die ganze Zeit denkst du nur an dein Auto. Das geht nicht so weiter.

Jeden Tag dasselbe

Jochen ist glücklich. Er hat ein neues Auto. Jeden Tag freut er sich darüber. Bei der Arbeit denkt er die ganze Zeit an sein Auto: Am Vormittag, in der Mittagspause und am Nachmittag. Die ganze Zeit freut er sich auf den Abend. Da fährt er mit seinem Auto herum. Seine Frau Margit denkt am Anfang: Das geht vorbei. Man kann nicht immer den ganzen Tag an ein Auto denken. Man kann nicht jeden Tag nur mit dem Auto herumfahren. Das ist nur am Anfang so. Ich muss Geduld haben. Aber eines Tages wird Margit wütend. Sie sagt: Jeden Tag dasselbe! Die ganze Zeit denkst du nur an dein Auto. Das geht nicht so weiter.

Jeden Tag dasselbe

Jochen ist glücklich. Er hat ein neues Auto. Jeden Tag freut er sich darüber. Bei der Arbeit denkt er die ganze Zeit an sein Auto: Am Vormittag, in der Mittagspause und am Nachmittag. Die ganze Zeit freut er sich auf den Abend. Da fährt er mit seinem Auto herum. Seine Frau Margit denkt am Anfang: Das geht vorbei. Man kann nicht immer den ganzen Tag an ein Auto denken. Man kann nicht jeden Tag nur mit dem Auto herumfahren. Das ist nur am Anfang so. Ich muss Geduld haben. Aber eines Tages wird Margit wütend. Sie sagt: Jeden Tag dasselbe! Die ganze Zeit denkst du nur an dein Auto. Das geht nicht so weiter.

Jeden Tag dasselbe

Jochen ist glücklich. Er hat ein neues Auto. Jeden Tag freut er sich darüber. Bei der Arbeit denkt er die ganze Zeit an sein Auto: Am Vormittag, in der Mittagspause und am Nachmittag. Die ganze Zeit freut er sich auf den Abend. Da fährt er mit seinem Auto herum. Seine Frau Margit denkt am Anfang: Das geht vorbei. Man kann nicht immer den ganzen Tag an ein Auto denken. Man kann nicht jeden Tag nur mit dem Auto herumfahren. Das ist nur am Anfang so. Ich muss Geduld haben. Aber eines Tages wird Margit wütend. Sie sagt: Jeden Tag dasselbe! Die ganze Zeit denkst du nur an dein Auto. Das geht nicht so weiter.

55 Spiele mit Chunks
ISBN 978-3-12-674152-1

© Ernst Klett Sprachen GmbH, Stuttgart 2020 | www.klett-sprachen.de | Alle Rechte vorbehalten. Die Nutzung der Inhalte für Text- und Data-Mining ist ausdrücklich vorbehalten und daher untersagt. Von dieser Druckvorlage ist die Vervielfältigung für den eigenen Unterrichtsgebrauch gestattet. Die Kopiergebühren sind abgegolten.

21 | Wechselspiel: Wegbeschreibung

Sprachniveau
A1

Thema / Situation
Wegbeschreibungen geben

Anzahl der Spielerinnen / Spieler
beliebig, gespielt wird in Partnerarbeit

Spieldauer
ca. 15 Minuten

Vorbereitung
- Kopiervorlagen 1 und 2 für jede 2er-Gruppe einmal kopieren

Spielverlauf
Beide Lernende (A und B) bekommen je eine Kopiervorlage (A bekommt
Kopiervorlage 1 und B bekommt Kopiervorlage 2) mit den jeweiligen Sätzen.
A liest zuerst B die Wegbeschreibung durch das Labyrinth von Kopiervorlage 1 vor
und B zeichnet den Weg in den Plan auf Kopiervorlage 2 ein. B liest danach A
die Wegbeschreibung von Kopiervorlage 2 vor und A zeichnet den Weg in
Kopiervorlage 1 ein. Startpunkt ist jeweils der Pfeil. Ziel ist es, die andere Person
zu finden. Am Ende werden die Vorlagen verglichen. Sind beide am Ziel
angekommen?

Anmerkung
Besprechen Sie vorher mit den Lernenden, ob sie die *du*- oder die *Sie*-Form
benutzen sollen.

Kopiervorlage 1 (für Lernende / Lernenden A)

1. Geh / Gehen Sie geradeaus, dann nach rechts bis zur Bank.
2. An der Bank gehst du / gehen Sie nach links, dann um die Ecke und geradeaus bis zum Baum.
3. Geh / Gehen Sie vom Baum nach links bis zum Brunnen.
4. Vom Brunnen gehst du / gehen Sie nach rechts, dann um die Ecke bis zur Bank.
5. Von der Bank gehst du / Gehen Sie weiter geradeaus, dann um die Ecke bis zur Figur. Dann siehst du / sehen Sie mich schon.

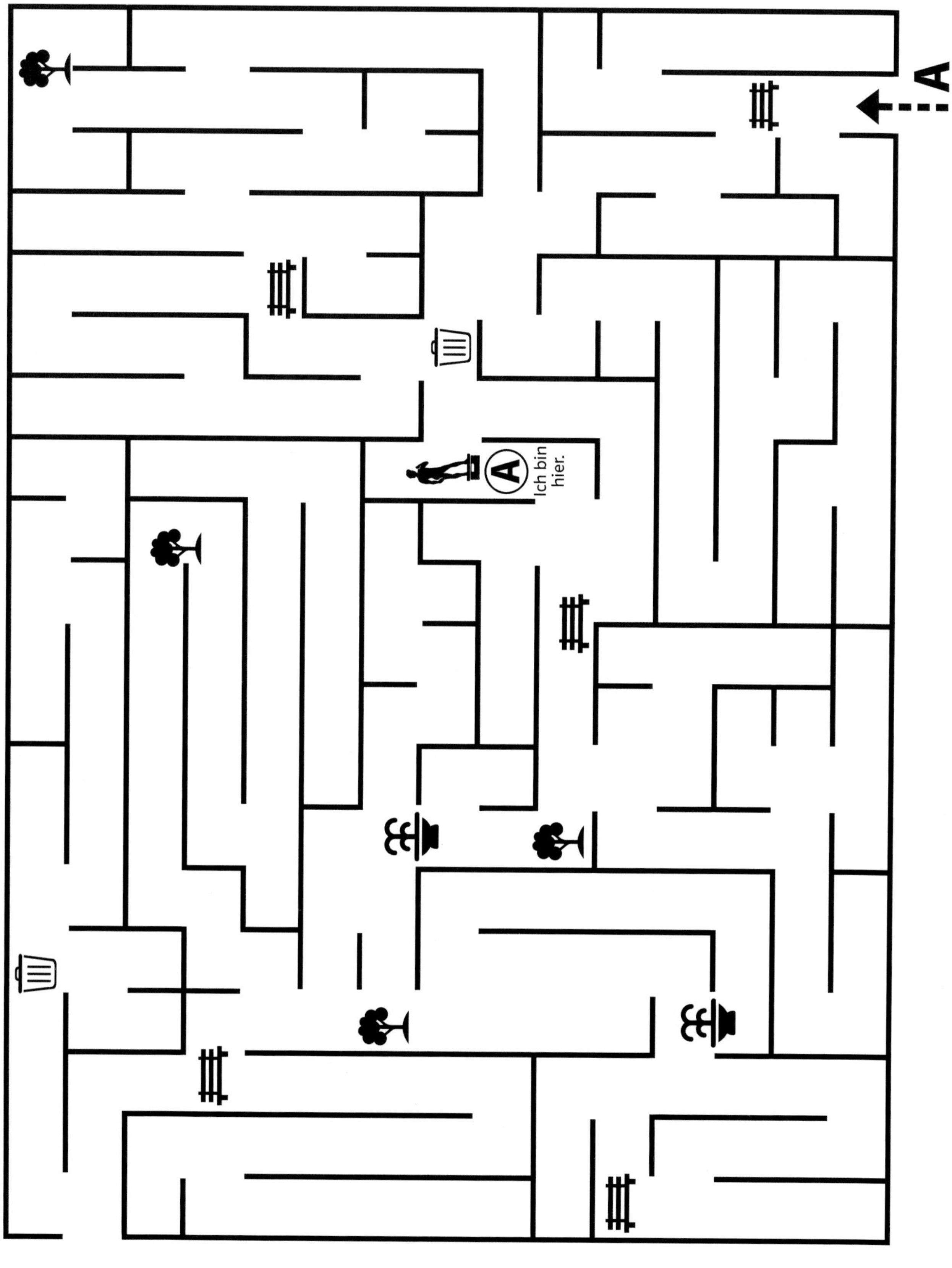

55 Spiele mit Chunks
ISBN 978-3-12-674152-1

Kopiervorlage 2 (für Lernende / Lernenden B)

1. Geh / Gehen Sie geradeaus bis zur Bank.
2. Geh / Gehen Sie an der Bank nach links und dann nach rechts bis zum Ende.
3. Dann gehst du / gehen Sie nach links, dann nach rechts und wieder links bis zum Abfalleimer.
4. Geh / Gehen Sie vom Abfalleimer geradeaus weiter bis zur Figur, dann links, dann um die Ecke und geradeaus bis zum Baum.
5. Geh / Gehen Sie vom Baum rechts und geradeaus bis zum Brunnen. Da bin ich.

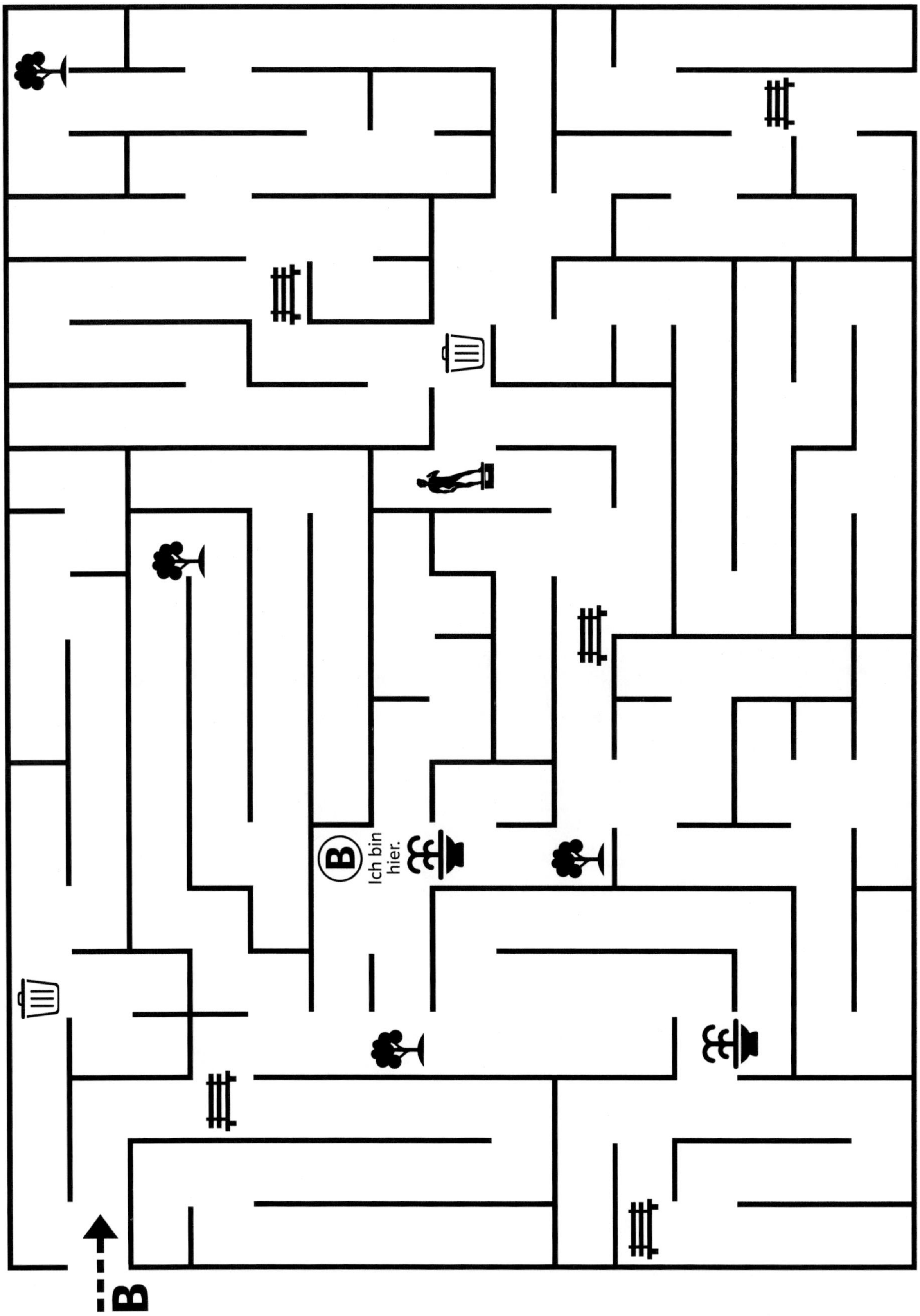

55 Spiele mit Chunks
ISBN 978-3-12-674152-1

22 | Brettspiel: Wünsche äußern

Sprachniveau
A1

Thema / Situation
Wünsche formulieren

Anzahl der Spielerinnen / Spieler
Kleingruppen von 2–4 Personen

Spieldauer
ca. 10 Minuten

Benötigtes Material
- Würfel
- Spielfiguren

Vorbereitung
- Kopiervorlage für jede Gruppe einmal kopieren

Spielverlauf
Die / Der erste Spielerin / Spieler formuliert einen Satz mit „Ich würde gern mal …".
Es können die Vorschläge auf der Kopiervorlage verwendet oder eigene Wünsche
formuliert werden.

Beispiel: „Ich würde gern mal mit einem Ballon fahren."

Die nächste Person würfelt und zieht die Spielfigur entsprechend der Augenzahl.
Kommt sie auf ein rundes Feld, muss der Wunsch zustimmend oder ablehnend
kommentiert werden. Landet die Spielfigur auf einem eckigen Feld, wird ein neuer
Wunsch formuliert. Das Spiel ist zu Ende, wenn eine Spielerin / ein Spieler die Figur
direkt im Ziel abstellen kann, sonst beginnt man wieder von vorne.

Anmerkung
Man kann vor dem Spiel Wünsche sammeln und an der Tafel notieren.

Redemittel
- Ich würde gern mal …
- Dazu habe ich keine Lust.
- Das würde ich nie machen.
- Ich nicht.
- Dazu habe ich auch Lust.
- Ich auch.
- Gute Idee.

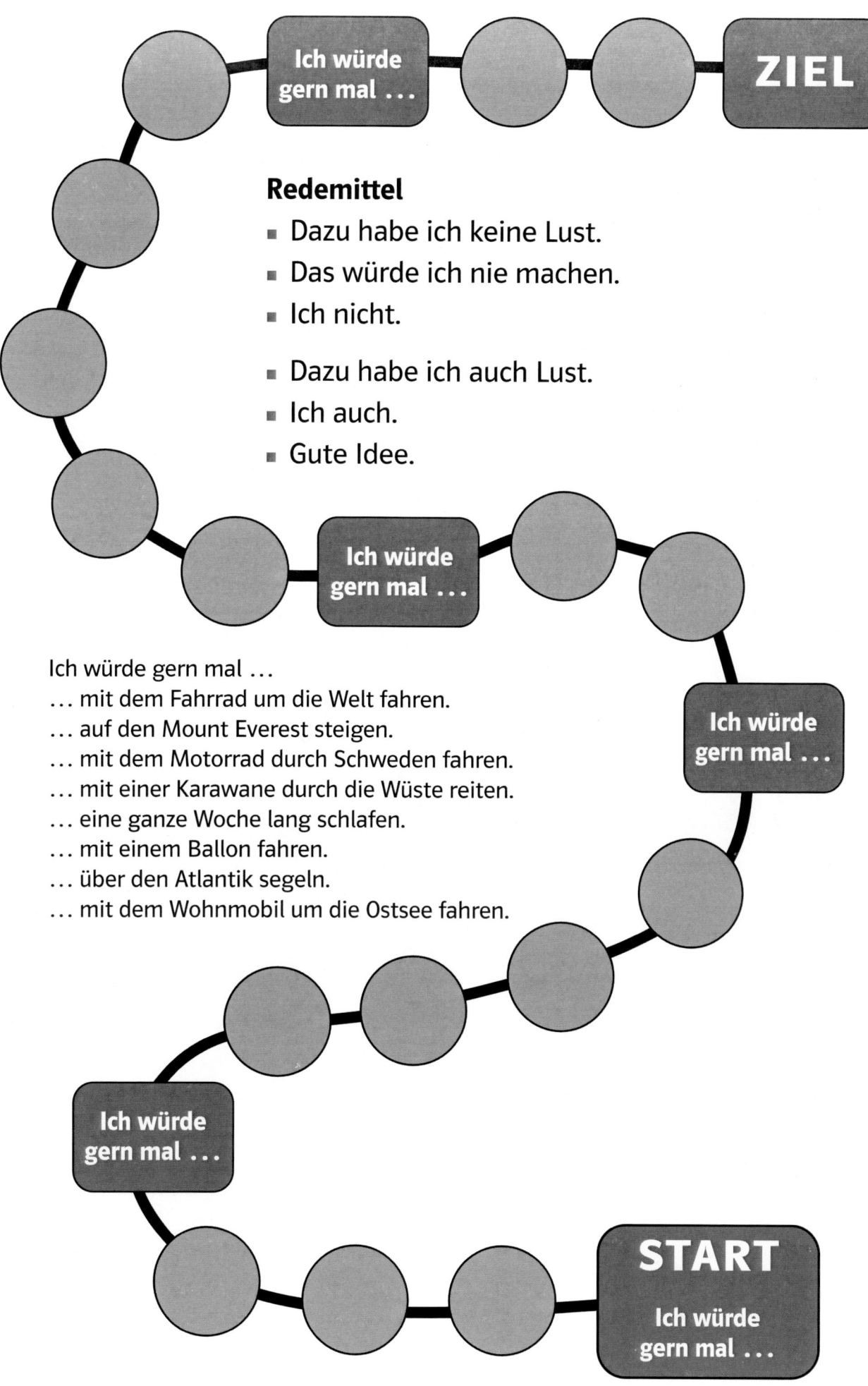

Ich würde gern mal ...

ZIEL

Redemittel
- Dazu habe ich keine Lust.
- Das würde ich nie machen.
- Ich nicht.

- Dazu habe ich auch Lust.
- Ich auch.
- Gute Idee.

Ich würde gern mal ...

Ich würde gern mal ...

Ich würde gern mal ...
... mit dem Fahrrad um die Welt fahren.
... auf den Mount Everest steigen.
... mit dem Motorrad durch Schweden fahren.
... mit einer Karawane durch die Wüste reiten.
... eine ganze Woche lang schlafen.
... mit einem Ballon fahren.
... über den Atlantik segeln.
... mit dem Wohnmobil um die Ostsee fahren.

Ich würde gern mal ...

START

Ich würde gern mal ...

55 Spiele mit Chunks
ISBN 978-3-12-674152-1

© Ernst Klett Sprachen GmbH, Stuttgart 2020 | www.klett-sprachen.de | Alle Rechte vorbehalten. Die Nutzung der Inhalte für Text- und Data-Mining ist ausdrücklich vorbehalten und daher untersagt. Von dieser Druckvorlage ist die Vervielfältigung für den eigenen Unterrichtsgebrauch gestattet. Die Kopiergebühren sind abgegolten.

Klett

23 | Zustimmen und ablehnen

Sprachniveau
A1

Thema / Situation
Die eigene Meinung sagen

Anzahl der Spielerinnen / Spieler
Gruppen von 4–10 Personen

Spieldauer
ca. 10 Minuten

Vorbereitung
- Kopiervorlage für jede Gruppe einmal kopieren und zerschneiden
- Redemittel an die Tafel schreiben

Spielverlauf
Die Sätze von der Kopiervorlage werden in der Gruppe verteilt. Eine Person aus der Gruppe liest einen Satz mit einer Meinungsäußerung von der Kopiervorlage vor. Alle anderen Lernenden aus der Gruppe stimmen der Äußerung zu oder lehnen sie ab, indem sie einen entsprechenden Satz sagen (Redemittel). Jedes Redemittel darf nur einmal pro Meinungsäußerung benutzt werden. Wiederholt jemand eine Formulierung für Zustimmung oder Ablehnung, scheidet sie / er aus. Das Spiel ist zu Ende, wenn nur noch eine Person übrig ist. Die Personen, die ausgeschieden sind, sind die Schiedsrichterinnen / Schiedsrichter.

Variante
Bei einer entsprechenden Ausweitung der vorgegebenen Redemittel (mindestens eins pro Lerner) kann auch in der Großgruppe gespielt werden.

Redemittel
- Zustimmung
  - Ja, genau.
  - Du hast recht.
  - Stimmt.
  - Das sehe ich auch so.
  - Das finde ich auch.

- Ablehnung
  - Das finde ich nicht.
  - Das stimmt nicht.
  - Da bin ich anderer Meinung.
  - Das sehe ich nicht so.
  - Das sehe ich anders.

Meinungsäußerungen

Wir sollten mehr Hausaufgaben bekommen.

Arbeiten ist unnötig.

Kinder müssen immer machen, was die Eltern wollen.

Die meisten Menschen sind dumm.

Politik ist immer schlecht.

Man muss die alten Menschen auf jeden Fall respektieren.

Fast Food ist ungesund.

Man muss auch der Chefin / dem Chef die Meinung sagen.

Alle Menschen müssen Sport machen.

Wir sollten nicht mehr fliegen. Das ist schlecht für die Umwelt.

55 Spiele mit Chunks
ISBN 978-3-12-674152-1

24 | Brettspiel: Die Meinung sagen

Sprachniveau
A1

Thema / Situation
Die eigene Meinung sagen, Zustimmung oder Ablehnung ausdrücken

Anzahl der Spielerinnen / Spieler
Kleingruppen von 3–4 Personen

Spieldauer
ca. 15 Minuten

Benötigtes Material
- Würfel
- Spielfiguren (in unterschiedlichen Farben)

Vorbereitung
- Kopiervorlage (S. 58) für jede Gruppe einmal kopieren

Spielverlauf
Die Spielfiguren stehen auf dem Startfeld. Die / Der erste Lernende würfelt und zieht mit der Spielfigur auf das entsprechende Feld. Sie / Er muss nun eine Meinung formulieren mit einer Einleitung, z. B. „Ich bin der Meinung, …", und einer Ergänzung zum vorgegebenen Stichwort.

Beispiel: | „Ich bin der Meinung, Vokabeln lernen ist wichtig."

Die nächste Person würfelt, zieht die Spielfigur auf das entsprechende Feld und formuliert eine Zustimmung oder Ablehnung zum Satz.

Beispiel: | „Das finde ich auch."

Dieselbe Person sagt ihre Meinung zu einem neuen Stichwort, die nächste Person formuliert wiederum Zustimmung oder Ablehnung usw. Wer einen Fehler macht, muss ein Feld zurückgehen. Gewonnen hat, wessen Figur als erste im Ziel ist.

Variante
Auf höherem Niveau können auch Nebensätze mit „dass" gebildet werden.

Beispiel: | „Ich bin der Meinung, dass Vokabellernen wichtig ist."

Anmerkungen
- Besprechen Sie die Redemittel, bevor Sie mit dem Spiel beginnen.
- Sie können die Redemittel auf der nächsten Seite kopieren und im Klassenraum aufhängen, falls die Lernenden während des Spiels eine Kontrollmöglichkeit brauchen.

Redemittel

Meinung ausdrücken

- Ich finde, …

- Ich denke, …

- Ich meine, …

- Ich bin der Meinung, …

- Meiner Meinung nach …

Adjektive

- wichtig / unwichtig

- interessant / uninteressant

- nützlich / unnötig

- langweilig

- lustig

- gesund

- entspannend

- …

Zustimmung formulieren

- Das sehe ich genauso.

- Das finde ich auch.

- Da hast du recht. / Da haben Sie recht.

- Da bin ich deiner / Ihrer Meinung.

- Auf jeden Fall.

Ablehnung formulieren

- Das sehe ich nicht so.

- Das finde ich nicht.

- Ich bin anderer Meinung.

- Ich bin nicht deiner / Ihrer Meinung.

- Da hast du / haben Sie unrecht.

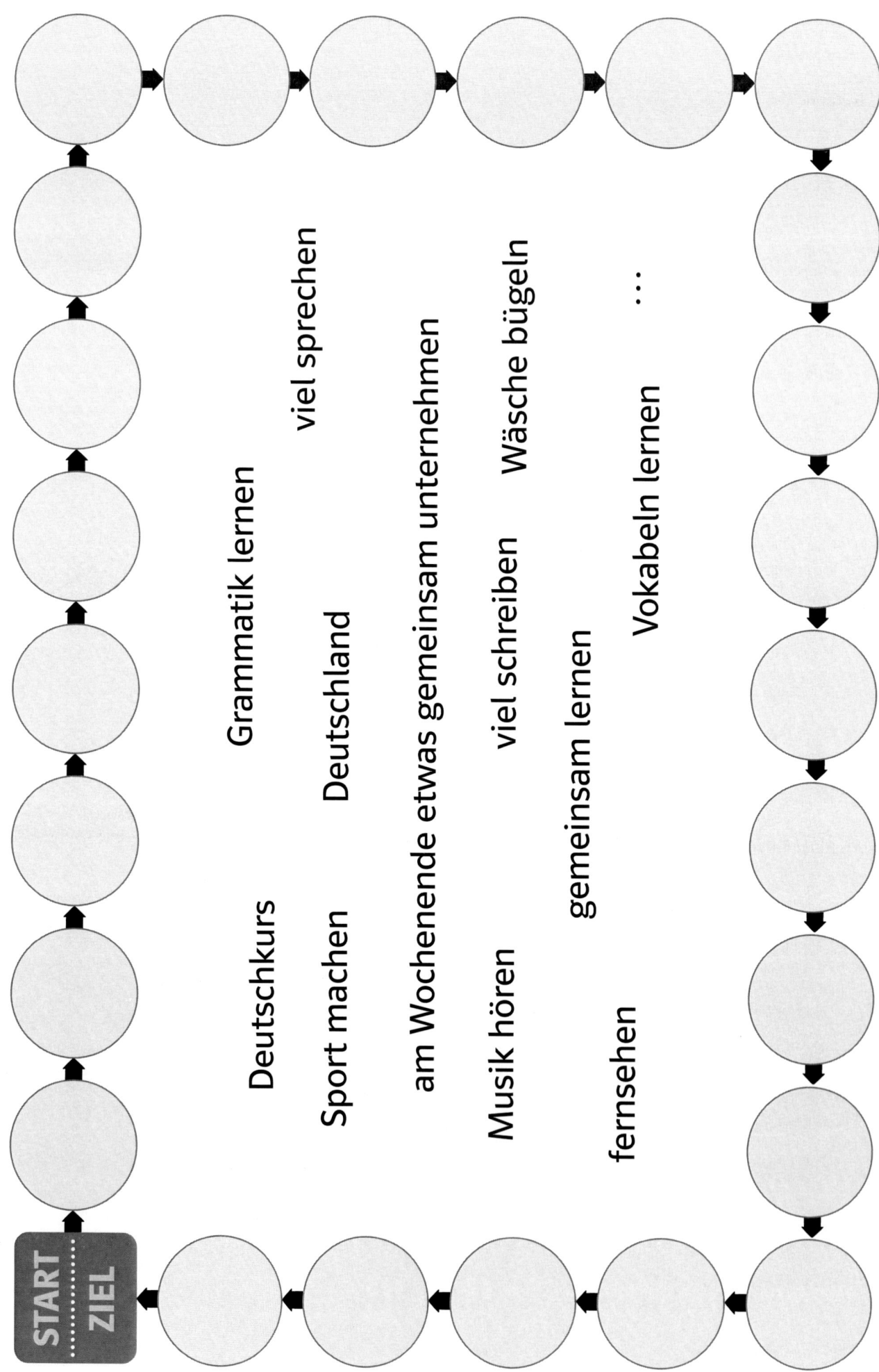

START
ZIEL

Grammatik lernen

viel sprechen

Deutschland

am Wochenende etwas gemeinsam unternehmen

Wäsche bügeln

viel schreiben

Vokabeln lernen

…

Deutschkurs

Sport machen

Musik hören

gemeinsam lernen

fernsehen

55 Spiele mit Chunks
ISBN 978-3-12-674152-1

Klett

25 | Ratespiel: Geburtsdatum

Sprachniveau
A1

Thema / Situation
Geburtsdaten und Jahreszeiten angeben: *im* und *am*

Anzahl der Spielerinnen / Spieler
Plenum

Spieldauer
ca. 15 Minuten

Benötigtes Material
- ein weicher Ball

Vorbereitung
- je ein Blatt Papier mit *Frühling*, *Sommer*, *Herbst* und *Winter* beschriften und in den Ecken des Klassenraums aufhängen oder auslegen

Spielverlauf
Die vier Ecken des Klassenraums stehen für die Jahreszeiten: Frühling, Sommer, Herbst und Winter. Die Lernenden stellen sich in die Ecke, die für die Jahreszeit steht, in der sie geboren sind. Jede / Jeder Lernende nennt das eigene Geburtsdatum.

Beispiel: | „Ich bin im Frühling geboren, am fünften Mai."

Fordern Sie die anderen Lernenden auf, gut zuzuhören und sich die Jahreszeiten so gut wie möglich zu merken. Danach gehen die Lernenden zurück zu ihren Plätzen, bleiben aber stehen. Die Lehrkraft wirft einer / einem Lernenden den Ball zu und sagt:

Beispiel: | „Sie sind im Frühling geboren."

Die / Der betreffende Lernende fängt den Ball und bestätigt oder dementiert.

Beispiel: | „Stimmt." / „Stimmt nicht, ich bin im Herbst geboren."

Dann wirft sie / er den Ball einer beliebigen anderen Person zu. Wer die falsche Jahreszeit nennt, setzt sich. Gewonnen hat, wer am Ende noch steht.

Variante
In kleineren Gruppen können die Lernenden den Geburtsmonat oder das Geburtsdatum nennen.

Beispiel: | „Du bist im Juni geboren." / „Du bist am zwölften Juni geboren."

Redemittel
- Du bist / Sie sind im Frühling / Sommer / Herbst / Winter geboren.
- Du bist / Sie sind im Januar, ... geboren.
- Du bist / Sie sind am ... geboren.
- Stimmt (nicht).
- Ich bin im ... / am ... geboren.

26 | Ratespiel: Wo war ich wann?

Sprachniveau
A1

Thema / Situation
Über Aktivitäten und Situationen in der Vergangenheit sprechen (Perfekt)

Anzahl der Spielerinnen / Spieler
Plenum

Spieldauer
ca. 20 Minuten

Vorbereitung

■ Kopiervorlage für alle einmal kopieren und auseinanderschneiden

Spielverlauf
Alle Lernenden bekommen die vier Fragen von der Kopiervorlage und beantworten sie schriftlich für sich selbst. Anschließend gehen sie im Raum umher und fragen die anderen Lernenden.

Beispiel: | „Was glaubst du / glauben Sie: Wo war ich gestern um 10 Uhr?"

Wenn die befragte Person richtig antwortet, bekommt sie den Zettel von der fragenden Person. Wer am Ende die meisten Zettel gesammelt hat, hat gewonnen.

Anmerkung
Besprechen Sie vor dem Spiel, ob die Lernenden sich gegenseitig in der *du*- oder in der *Sie*-Form ansprechen sollen.

Redemittel

■ Was glaubst du / glauben Sie: Wo / Was …?
■ Du warst / Sie waren gestern um 10 Uhr …
■ Du hast / Du bist am Sonntag um 20 Uhr …
■ Sie haben / Sie sind am Sonntag um 20 Uhr …
■ Du warst / Sie waren letztes Jahr im Sommer …
■ Du hast / Du bist am Wochenende …
■ Sie haben / Sie sind am Wochenende …

Anschlussaktivität
Die Lernenden erzählen, was sie herausgefunden haben; sie können ihre Zettel zu Hilfe nehmen.

Beispiel: | „… war gestern um 10 Uhr …"

Name: ....

Wo waren Sie gestern um 10 Uhr?

....

Name: ....

Was haben Sie am Sonntag um 20 Uhr gemacht?

....

Name: ....

Wo waren Sie letztes Jahr im Sommer?

....

Name: ....

Was haben Sie am Wochenende gemacht?

....

55 Spiele mit Chunks
ISBN 978-3-12-674152-1

© Ernst Klett Sprachen GmbH, Stuttgart 2020 | www.klett-sprachen.de | Alle Rechte vorbehalten. Die Nutzung der Inhalte
für Text- und Data-Mining ist ausdrücklich vorbehalten und daher untersagt. Von dieser Druckvorlage ist die Vervielfältigung
für den eigenen Unterrichtsgebrauch gestattet. Die Kopiergebühren sind abgegolten.

Klett

27 | Merkspiel: Personenporträt

Sprachniveau
A1

Thema / Situation
Lebensläufe erfinden

Anzahl der Spielerinnen / Spieler
beliebig, gespielt wird in Partnerarbeit

Spieldauer
ca. 30 Minuten

Vorbereitung
- Redemittel an die Tafel schreiben oder projizieren
- Kopiervorlagen kopieren (ein Foto für jede Zweiergruppe)

Spielverlauf
Jede Zweiergruppe bekommt ein Foto von einer Person. Die Lernenden erfinden zur Person auf dem Foto einen Lebenslauf. Dazu verwenden sie die vorgegebenen Redemittel. Im Anschluss nimmt jeweils eine Lernende / ein Lernender aus der Zweiergruppe das Foto. Diese Lernenden suchen nun eine Person ohne Bild. Sie erzählen ihr den Lebenslauf der abgebildeten Person. Anschließend übergeben sie dieser neuen Partnerin / diesem neuen Partner das Foto. Diese / Dieser sucht nun wieder jemanden ohne Bild und erzählt erneut den Lebenslauf zu der Person auf dem Bild. Dann gibt sie / er das Bild wieder weiter. So wird die Geschichte einer Person mehrmals weitererzählt. Nach einigen Runden werden einige Geschichten laut erzählt. Die Zweiergruppe, die sie ursprünglich verfasst hat, vergleicht mit dem Original.

Redemittel
- Sie / Er heißt ...
- Sie / Er ist in ... geboren.
- Sie / Er lebt seit ... in ...
- Sie / Er ist ... von Beruf.
- Sie / Er ist verheiratet / ledig / geschieden / Single.
- Sie / Er hat ... Kinder.
- Ihre / Seine Hobbys sind ...
- Vor einem Jahr hat sie / er ...
- In einem Jahr möchte sie / er ...

28 | Fragespiel: Um etwas bitten

Sprachniveau
A1

Thema / Situation
Bitten formulieren (Prüfungsvorbereitung)

Anzahl der Spielerinnen / Spieler
Kleingruppen von 3–4 Personen

Spieldauer
ca. 10 Minuten

Vorbereitung
■ Kopiervorlage für jede Gruppe einmal kopieren und zerschneiden

Spielverlauf
Die Lernenden arbeiten in Kleingruppen. Jede / Jeder Lernende bekommt gleich
viele Satzteile (in Gruppen von drei Personen je vier Satzanfänge und vier
Satzenden, in Gruppen von vier Personen jeweils drei). Eine Lernende / Ein
Lernender liest einen Satzanfang vor. Wer die Antwort hat, ergänzt und darf das
Paar ablegen. Danach werden reihum die anderen Satzanfänge vorgelesen und
jeweils ergänzt. Die Runde ist zu Ende, wenn alle Satzteile zusammengelegt sind.
Nach einer Runde können die Karten neu verteilt werden.

Anmerkungen
■ Es wird empfohlen, verschiedenfarbiges Papier für die beiden Satzteile zu
verwenden.
■ Die Kopiervorlage kann gleichzeitig als Lösung benutzt und im Klassenraum
aufgehängt oder ausgelegt werden, damit die Lernenden eine
Kontrollmöglichkeit haben.

Satzanfänge

Entschuldigung, können Sie mir …

Ich bin müde. Kann ich einen …

Kann ich ein Glas …

Entschuldigung, wie …

Ich habe eine Bitte. Ich bin nächste Woche nicht da.

Entschuldigung, könnten Sie die Musik …

Entschuldigen Sie, wo ist …

Kannst du mir einen …

Ich würde mir gern die Hände waschen. Darf ich Ihr …

Kannst du mir helfen?

Entschuldigung, wo gibt …

Ich habe eine Bitte. Ich brauche …

Satzenden

… 50 Euro wechseln?

… Kaffee haben?

… Wasser bekommen?

… spät ist es?

Könnten Sie meine Pflanzen gießen?

… leiser machen?

… der Bahnhof?

… Stift leihen?

… Bad benutzen?

Ich verstehe das Wort nicht.

… es Schirme?

… ein Taschentuch.

55 Spiele mit Chunks
ISBN 978-3-12-674152-1

29 | Kartenspiel: W-Fragen

Sprachniveau
A1

Thema / Situation
Informationen zu Personen einholen und geben (Prüfungsvorbereitung)

Anzahl der Spielerinnen / Spieler
beliebig, gespielt wird in Partnerarbeit

Spieldauer
ca. 10 Minuten

Vorbereitung

- Kopiervorlagen 1 und 2 für jedes Paar einmal kopieren und zerschneiden

Spielverlauf
Die Lernenden arbeiten in 2er-Gruppen. Eine Lernende / Ein Lernender bekommt
den Stapel mit den Fragekarten, die Partnerin / der Partner bekommt den Stapel
mit den Antwortkarten. Die Karten werden gut durchgemischt und mit der
Rückseite nach oben im Stapel auf den Tisch gelegt. Die / Der Lernende mit den
Fragekarten nimmt die erste Karte von oben und stellt die Frage. Die Partnerin /
Der Partner nimmt die erste Karte vom Antwortstapel und liest die Antwort vor.
Wenn Frage und Antwort zusammenpassen, wird das Kartenpaar abgelegt. Wenn
die Karten nicht zusammenpassen, werden sie wieder in den Stapel gemischt.
Nach fünf Minuten werden Frage- und Antwortkarten getauscht. Das Spiel ist zu
Ende, wenn alle Kartenpaare gefunden wurden.

Anmerkung
Evtl. kann die Lösung (S. 139) zur Kontrolle im Klassenraum ausgelegt werden.

Redemittel

- Das passt (zusammen).
- Das passt nicht (zusammen).
- Nein. Nimm / Nehmen Sie die nächste Karte.

Kopiervorlage 1 (Fragekarten)

Was sind deine Eltern von Beruf?	Wie viele Geschwister hast du?	Wie alt sind deine Großeltern?
Was für einen Sport machst du?	Was ist deine Lieblingsmusik?	Wie oft machst du ein Selfie?
Wie ist dein Chef?	Wie lange arbeitest du jeden Tag?	Was bist du von Beruf?
Wie oft kochst du?	Was kochst du gern?	Was ist dein Lieblingsessen?
Wo warst du im letzten Urlaub?	Wie oft fährst du in Urlaub?	Wie lange hat deine längste Reise gedauert?
Wie oft triffst du dich mit deinen Freunden?	Was machst du mit deinen Freunden gern?	Wie lange kennst du deinen besten Freund?

55 Spiele mit Chunks
ISBN 978-3-12-674152-1

Kopiervorlage 2 (Antwortkarten)

Mein Vater ist Lehrer, meine Mutter ist Krankenschwester.	Ich habe einen Bruder.	Mein Opa ist 72, meine Oma 70.
Ich bin total unsportlich.	Ich höre gern klassische Musik.	Jeden Tag – mindestens eins.
Ganz nett.	Acht Stunden.	Ich bin Mechaniker.
Ich koche jeden Abend.	Ich koche am liebsten Spaghetti.	Steak esse ich total gern.
Am Meer.	Ich fahre nicht sehr oft.	Ich war drei Wochen unterwegs.
Wir treffen uns jeden Samstag.	Wir gehen auf den Fußballplatz.	Seit dem Kindergarten.

55 Spiele mit Chunks
ISBN 978-3-12-674152-1

Klett

30 | Laufdiktat

Sprachniveau
A1

Thema / Situation
E-Mails schreiben (Prüfungsvorbereitung)

Anzahl der Spielerinnen / Spieler
Kleingruppen von 4 Personen

Spieldauer
10–15 Minuten

Vorbereitung

- Kopiervorlage 1 einmal kopieren, zerschneiden und die einzelnen Sätze im Unterrichtsraum verteilt aufhängen
- Kopiervorlage 2 für jede Gruppe einmal kopieren und auseinanderschneiden

Spielverlauf
Jede Gruppe besteht aus vier Lernenden, davon sind zwei Schreiberinnen / Schreiber und zwei Läuferinnen / Läufer. Die Schreiberinnen / Schreiber haben je einen Skeletttext von Kopiervorlage 2 vor sich liegen: Es gibt einen formellen und einen informellen E-Mail-Text. Die Läuferinnen / Läufer laufen zu einem Satz und lernen ihn auswendig. Sie entscheiden, ob der Satz zur formellen oder informellen E-Mail passt und diktieren ihn der / dem entsprechenden Schreiberin / Schreiber. Diese / Dieser entscheidet, an welche Stelle des Textes der Satz passt, und fügt ihn ein. Das Spiel ist zu Ende, wenn alle Sätze diktiert und alle Texte vollständig sind. Gewonnen hat die Gruppe, die die wenigsten Fehler hat (vgl. Lösung).

Variante
Um das Spiel zu vereinfachen gibt es zwei Möglichkeiten:

- Die Sätze können farblich unterschiedlich markiert werden (formell, informell).
- Es wird nur ein Text vervollständigt und entsprechend werden nur die dazu passenden Sätze aufgehängt.

Anmerkung
Falls eine Dreiergruppe gebildet werden muss, kann eine Läuferin / ein Läufer beide Schreibenden versorgen. Falls eine Zweiergruppe entsteht, kann mit nur einem Text gearbeitet werden.

Redemittel

- Kannst du das bitte wiederholen? / Können Sie das bitte wiederholen?
- Noch einmal bitte.
- Bitte langsamer.
- Das passt hier nicht.

Sehr geehrter Herr …

vielen Dank für die Einladung

Könnten Sie mir sagen, …

Vielen Dank im Voraus.

Mit freundlichen Grüßen

Liebe Anna

Wo wollen wir uns treffen?

Schickst du mir den Link?

Bis bald.

Liebe Grüße,

55 Spiele mit Chunks
ISBN 978-3-12-674152-1

Klett

Kopiervorlage 2

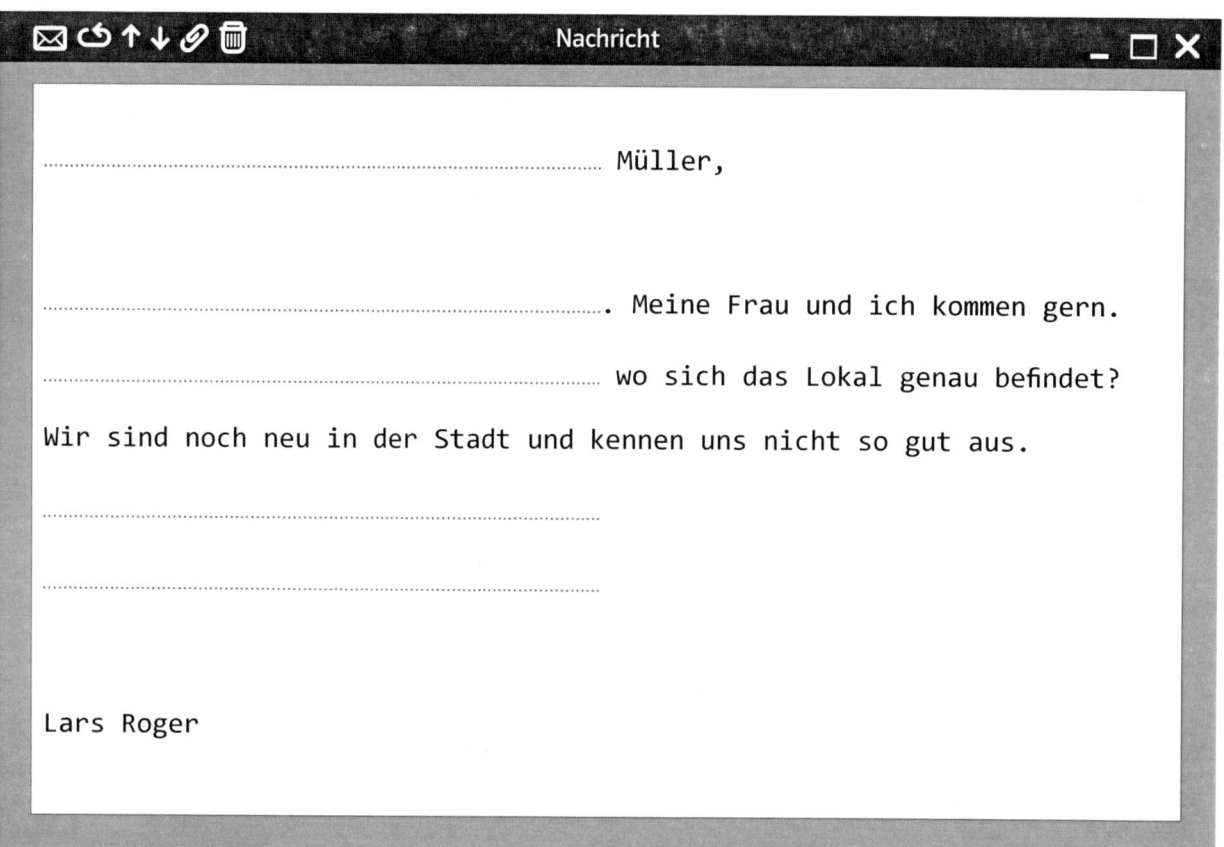

| | Nachricht | _ □ X |

.... Müller,

....

.... Meine Frau und ich kommen gern.

.... wo sich das Lokal genau befindet?
Wir sind noch neu in der Stadt und kennen uns nicht so gut aus.

....

....

Lars Roger

| | Nachricht | _ □ X |

.... ,

super Idee! Chris und ich kommen gern. Wer kommt denn noch?

....

....

....

....

Klara

31 | Blind Date

Sprachniveau
A2

Thema / Situation
Kennenlernen zu Kursbeginn auf höherem Niveau

Anzahl der Spielerinnen / Spieler
Plenum und Partnerarbeit

Spieldauer
ca. 30 Minuten

Vorbereitung
- Kopiervorlage für alle Lernenden einmal kopieren und auf jeweils zwei Kopiervorlagen denselben Nickname ankreuzen

Spielverlauf
Die Kopiervorlage wird verteilt, auf jeweils zwei Kopiervorlagen ist derselbe Nickname angekreuzt. Die Lernenden spielen Blind Date. Dazu verteilt sich die Hälfte der Lernenden im Raum. Die andere Hälfte muss die Person mit demselben Nickname suchen; dazu sprechen die Lernenden einzelne Personen an (Redemittel ‚Personen ansprechen'). Handelt es sich nicht um die gesuchte Person, wird die / der Ansprechende entsprechend abgewiesen (Redemittel ‚Ablehnung'). Finden sich die beiden, führen sie ein kurzes Gespräch (Redemittel ‚Sich kennenlernen'; hier können sich die Lernenden Notizen machen, s. Anschlussaktivität) und vereinbaren, etwas gemeinsam zu unternehmen – wenn auch nur im Spiel (Redemittel ‚Einen Vorschlag machen' und ‚Auf einen Vorschlag reagieren'). Anschließend verabschieden sie sich voneinander (Redemittel ‚Sich verabschieden').

Anmerkung
Die Redemittel sollten vorher besprochen werden. Eine Möglichkeit ist es, sie im Raum zu verteilen; die Lernenden gehen herum, lesen sie durch und besprechen, was sie nicht verstehen.

Anschlussaktivitäten
- Die Lernenden stellen sich gegenseitig im Plenum vor.
- Die Lernenden können ihren eigenen Nickname finden.

Nicknames

Sunlover	Softi23	Webmonster	Couchy
Sunshinegirl	Moneypenny	Honey	Trendy
Cinderella	Metoo	Angel	Shakira

Redemittel

Einen Vorschlag machen
- Wollen wir ins Kino / ein Eis essen / einen Kaffee trinken / ... gehen?
- Hast du morgen / übermorgen / am ... / am Wochenende / nächste Woche Zeit?

Personen ansprechen
- Bist du ...?
- Heißt du ...?

Ablehnung
- Was willst du?
- Lass mich in Ruhe.

Auf einen Vorschlag reagieren
- Mal sehen.
- Ich freue mich!
- Ruf mich an.
- Ich rufe dich an.
- Schick mir eine Nachricht.
- Mache ich.
- Wann und wo treffen wir uns?
- Gute Idee!
- Das geht leider nicht.

Sich kennenlernen
- Wie heißt du?
- Wo wohnst du?
- Was machst du beruflich?
- Wie alt bist du?
- Wo bist du geboren?
- Welche Hobbys hast du?

Sich verabschieden
- Ich muss gehen.
- Mach's gut.
- Wir sehen uns.
- Bis dann.
- Einen schönen Tag noch!
- Dir auch.

Klett

32 | Dialogspiel: Auskünfte

Sprachniveau

A2

Thema / Situation

Auskünfte zur eigenen Person geben

Anzahl der Spielerinnen / Spieler

beliebig, gespielt wird in Partnerarbeit

Spieldauer

ca. 10 Minuten

Vorbereitung

- Fragekarten (Kopiervorlage 1 oder 2) für jedes Paar einmal kopieren und zerschneiden
- Antwortkarten (Kopiervorlage 3) für jedes Paar einmal kopieren und zerschneiden

Spielverlauf

Die Lernenden legen die Fragekarten verdeckt auf den Tisch (Kopiervorlage 1 bzw. 2). Die Antwortkarten (Kopiervorlage 3) liegen offen auf dem Tisch, sodass alle Karten gut sichtbar sind. Person A nimmt eine Fragekarte, dreht sie um und stellt Person B die Frage auf der Karte. Person B beantwortet die Frage mit Hilfe der Antwortkarte und fragt zurück: „Und du / Sie?" Wenn Person A die Frage beantwortet hat, nimmt Lernende / Lernender B die nächste Fragekarte auf usw.

Anmerkungen

- Das Spiel kann auch zur Vorbereitung auf die A2-Prüfung eingesetzt werden.
- Entscheiden Sie vor dem Spiel, ob Ihre Lernenden die *du*- oder die *Sie*-Form benutzen sollen.

Kopiervorlage 1 (Fragekarten, *Sie*-Form)

Welche Musik hören Sie gern?	Welche Hobbys haben Sie?	Reisen Sie gern ins Ausland?
Was machen Sie im Urlaub?	Haben Sie eine große Familie?	Was ist Ihr Lieblingsessen?
Was ist Ihr Traumauto?	Sind Sie mit Ihrem Wohnort zufrieden?	Sind Sie mit Ihrer Wohnung zufrieden?
Welche Sprachen sprechen Sie?	Was machen Sie beruflich?	Was kaufen Sie jede Woche ein?

Kopiervorlage 2 (Fragekarten, *du*-Form)

Welche Musik hörst du gern?	Welche Hobbys hast du?	Reist du gern ins Ausland?
Was machst du im Urlaub?	Hast du eine große Familie?	Was ist dein Lieblingsessen?
Was ist dein Traumauto?	Bist du mit deinem Wohnort zufrieden?	Bist du mit deiner Wohnung zufrieden?
Welche Sprachen sprichst du?	Was machst du beruflich?	Was kaufst du jede Woche ein?

55 Spiele mit Chunks
ISBN 978-3-12-674152-1

Klett

Kopiervorlage 3 (Antwortkarten)

Musik:
Ich höre gern …

Hobby:
Ich … und
… gern.

Ausland:
- Ja, ich war
  schon in …,
  … und …
- Nein, nicht
  so gern.

Urlaub:
- Ich wandere /
  schwimme /
  … viel.
- Ich sehe mir gern
  Sehenswürdig-
  keiten an.

Familie:
Ja, ich habe …
Geschwister /
… Kinder /
… Cousinen /
Cousins.

Lieblingsessen:
Ich esse gern …

Auto:
- Autos sind mir
  nicht wichtig.
- Ich träume von
  einem …

Wohnort:
Ich wohne in …
Man kann dort
viel / wenig
unternehmen.
Deshalb bin ich
zufrieden / unzu-
frieden.

Wohnung:
Ich wohne in einer
…-Zimmerwohnung.
Ich / Wir habe(n)
viel / wenig Platz.
Deshalb bin ich
zufrieden / unzu-
frieden.

Sprachen:
Ich spreche …

Arbeit:
Ich bin …

Einkaufen:
Ich habe eine
Familie / bin
allein. Ich brauche
jede Woche …

Klett

33 | Duett: Gute Wünsche

Sprachniveau
A2

Thema / Situation
Gute Wünsche formulieren

Anzahl der Spielerinnen / Spieler
Kleingruppen von 3–4 Personen

Spieldauer
10–15 Minuten

Vorbereitung
- Kopiervorlagen für jede Gruppe einmal kopieren und zerschneiden

Spielverlauf
Schritt 1: Die Lernenden ordnen zunächst die beiden Teile der Chunks einander zu.
Schritt 2: Die Karten werden gemischt und gleichmäßig an die Lernenden verteilt. Die Lernenden versuchen, Paare zu bilden, indem sie fehlende Teile von den anderen einfordern.

Beispiel: „Gib mir bitte *zum Geburtstag*!"

Wenn die angesprochene Person die Karte hat, gibt sie sie der fragenden Person und diese kann das Kartenpaar ablegen. Wenn die angesprochene Person die Karte nicht hat, ist sie selbst an der Reihe. Gewonnen hat, wer am Ende die meisten Kartenpaare hat.

Redemittel
- Gib mir bitte … / Geben Sie mir bitte …
- Ich möchte …
- Ich brauche …
- Mir fehlt … Hast du das? / Haben Sie das?
- Hast du …? / Haben Sie …?
- Ja, hier bitte.
- Tut mir leid, das habe ich nicht.

Alles	Gute!	Herzlichen
Glückwunsch!	Ein schönes	Wochenende!
Einen schönen	Urlaub!	Einen guten
Rutsch!	Prost	Neujahr!

55 Spiele mit Chunks
ISBN 978-3-12-674152-1

Klett

Ein frohes	neues Jahr!	Viel Glück im
neuen Jahr!	Frohe	Weihnachten!
Frohe	Ostern!	Alles Gute für
eure gemeinsame Zukunft!	Herzlichen Glückwunsch	zum Geburtstag!

55 Spiele mit Chunks
ISBN 978-3-12-674152-1

34 | Einkaufsliste

Sprachniveau
A2

Thema / Situation
Mengen- und Verpackungsangaben für Lebensmittel

Anzahl der Spielerinnen / Spieler
Kleingruppen von 3–4 Personen

Spieldauer
ca. 15 Minuten

Benötigtes Material
- Würfel (einer pro Gruppe)

Vorbereitung
- Kopiervorlage für jede Gruppe einmal kopieren

Spielverlauf
Jede Gruppe schreibt einen Einkaufszettel: Dazu würfelt jede / jeder Lernende
insgesamt zweimal. Je nach Anzahl der gewürfelten Punkte (s. S. 82) entscheiden
die Lernenden, was und wie viel sie kaufen wollen und notieren die 6–8 Produkte
mit der entsprechenden Mengen- bzw. Verpackungsangabe.

Beispiel: | „Wir kaufen zwei Liter Milch, ..."

Anschlussaktivität
Die Einkaufslisten werden weitergegeben und eventuelle Fehler von einer anderen
Gruppe korrigiert. Anschließend werden die Listen wieder zurückgegeben und im
Plenum vorgelesen.

Mengen- bzw. Verpackungsangaben

Gramm (g):   Wurst, Schinken, Käse

Kilo (kg):   Kartoffeln, Äpfel, Birnen, Bananen, Fleisch, Brot

Liter (l):   Milch, Mineralwasser, Saft

Dose, -n: Tomatensoße, Cola, Erbsen

Glas, Gläser: Marmelade, Spaghetti-Soße, Essiggurken

Packung, -en: Waschmittel, Toilettenpapier, Toastbrot, Pizzateig

Flasche, -n: Apfelsaft, Mineralwasser, Milch

Tube, -n: Senf, Tomatenmark, Mayonnaise

Becher: Joghurt, Sahne, Eis

Würfelsymbole

Saft, Cola, Kartoffeln, Brot, Senf

Wurst, Tomatenmark, Pizzateig, Mineralwasser, Apfelsaft

Marmelade, Joghurt, Bananen, Toilettenpapier, Spaghetti-Soße

Käse, Waschmittel, Milch, Sahne, Äpfel

Fleisch, Eis, Toastbrot, Tomatensoße, Mayonnaise

Saft, Schinken, Birnen, Essiggurken, Erbsen

Unsere Einkaufsliste

....

....

....

....

....

....

....

....

55 Spiele mit Chunks
ISBN 978-3-12-674152-1

35 | Schreibspiel: Urlaubsgrüße

Sprachniveau
A2

Thema / Situation
Urlaubsgrüße formulieren

Anzahl der Spielerinnen / Spieler
Einzel-, Partner- oder Kleingruppenarbeit

Spieldauer
ca. 15 Minuten

Vorbereitung

■ Kopiervorlagen 1–3 in passender Anzahl kopieren (die beiden Kopiervorlagen 1 auf Seite 84 sind identisch)

■ Kopiervorlagen 2 und 3 mit der Rückseite zusammenkleben und zerschneiden oder alternativ Kopiervorlage 2 auf der Rückseite entsprechend nummerieren

Spielverlauf
Die Lernenden legen die Karten mit der Zahlenseite nach oben auf den Tisch; die Karten werden entsprechend den Zahlen auf getrennte Stapel gelegt. Die Lernenden vervollständigen dann den Skelett-Text, indem sie eine Karte mit der entsprechenden Zahl nehmen und die Angabe auf der Rückseite in den Text einsetzen. Wird die Joker-Karte gezogen, können eigene Angaben gemacht werden. Textlücken ohne Zahl werden passend zum übrigen Text frei gefüllt.

Anschlussaktivität
Die Texte werden im Plenum vorgelesen.

Kopiervorlage 1

Liebe / Lieber .... (1),

viele Grüße .... (2).

Ich bin seit .... (3) hier.

Es geht mir .... (4).

Das Wetter ist .... (5)

und das Essen ist ....

Gestern bin ich .... ,

heute war ich schon ....

Das war sehr .... (6).

Morgen wollen wir ....

Bis bald,

deine / dein // eure / euer

Kopiervorlage 1

Liebe / Lieber .... (1),

viele Grüße .... (2).

Ich bin seit .... (3) hier.

Es geht mir .... (4).

Das Wetter ist .... (5)

und das Essen ist ....

Gestern bin ich .... ,

heute war ich schon ....

Das war sehr .... (6).

Morgen wollen wir ....

Bis bald,

deine / dein // eure / euer

Kopiervorlage 2

Peter	Mara	Eltern	Freunde	Joker
aus New York	von den Fidschi-Inseln	vom Südpol	aus den Alpen	Joker
zwei Tagen	einer Woche	einem Monat	einem Tag	Joker
ausge-zeichnet	ganz gut	gut	nicht so gut	Joker
perfekt	super	schlecht	wechselhaft	Joker
interessant	schön	aufregend	langweilig	Joker

Kopiervorlage 3

1	1	1	1	1
2	2	2	2	2
3	3	3	3	3
4	4	4	4	4
5	5	5	5	5
6	6	6	6	6

55 Spiele mit Chunks
ISBN 978-3-12-674152-1

36 | Ballspiel: Was für ein Tag!

Sprachniveau
A2

Thema / Situation
Auf überraschende Situationen reagieren

Anzahl der Spielerinnen / Spieler
Plenum

Spieldauer
ca. 15 Minuten

Benötigtes Material
- ein weicher Ball oder ein zusammengeknülltes Blatt Papier

Vorbereitung
Die Lehrkraft schreibt folgende Sätze an die Tafel:
- Am Sonntag hat es um 7 Uhr morgens geklingelt. Alle meine Geschwister standen vor der Tür und haben mir ein Frühstück gebracht. Was für eine Überraschung!
- Leider ist der Geschirrspüler kaputtgegangen. Was für ein Tag!

Anschließend werden Begriffe gesucht, mit denen man solche Ausrufe formulieren kann, z. B. Überraschung, Tag, Glück, Pech, Freude, Drama, Verkehr, Frechheit, Jahr, Woche, Stress, ...

Spielverlauf
Die Lehrkraft nennt nun eine Situation (s. nächste Seite) und wirft den Ball einer / einem Lernenden zu. Diese / Dieser muss mit dem Satz *Was für ein / eine ...!* auf die Situation reagieren. Wem nichts einfällt, muss ein Pfand (Stift, Buch usw.) abgeben. Die Pfänder werden am Ende gegen eine Aktivität (die Stammformen eines Verbs sagen, die Steigerungsformen eines Adjektivs nennen o. Ä.) wieder zurückgegeben.

Variante
Wenn man nicht mit dem Pfand arbeiten möchte, können auch alle Lernenden aufstehen und wer keine Antwort weiß, setzt sich. Die Person, die als letzte noch steht, hat gewonnen.

Anmerkungen
- Es sollte klargemacht werden, dass Sätze mit femininen Nomen mit *Was für eine ...*, maskuline und neutrale mit *Was für ein ...* gebildet werden.
- Bei dem Ausruf handelt es sich um eine Ellipse. Der vollständige Satz hieße *Was für ein ... ist / war das!*

Situationen

- Meine Schwester hat Zwillinge bekommen.

- Meine Kollegin hat ihre Geldbörse verloren.

- Ich habe meine Hausaufgaben vergessen.

- Mein Chef hat mir gekündigt.

- Es sind 35 Grad im Schatten.

- Es sind 15 Grad minus.

- Ich habe meine Schulfreundin in der Stadt getroffen. Wir haben uns seit 20 Jahren nicht mehr gesehen.

- Gestern Abend haben mich Freunde spontan zum Essen eingeladen.

- Klara wird auf Facebook gemobbt.

- Ein Mann hat mich im Bus beschimpft.

- Gestern gab es auf der Autobahn einen zehn Kilometer langen Stau.

- Im Urlaub hat jeden Tag die Sonne geschienen.

- In den letzten Tagen war im Büro jeden Tag das totale Chaos.

- Ich habe heute einen freien Tag!

- Gestern Abend ist mein Zug ausgefallen und ich war erst um 8 Uhr zu Hause.

- Ich kann meinen Schlüssel nicht finden.

- Daniel hat die Grippe, es geht ihm gar nicht gut.

- Die Sonne scheint und der Himmel ist blau.

- …

37 | Brettspiel: Auskünfte

Sprachniveau
A2

Thema / Situation
Um Auskünfte bitten; indirekte Fragesätze

Anzahl der Spielerinnen / Spieler
Kleingruppen von 4–5 Personen

Spieldauer
10–15 Minuten

Benötigtes Material
- Würfel
- Spielfiguren

Vorbereitung
- Kopiervorlagen 1 und 2 für jede Gruppe einmal kopieren
- Kopiervorlage 2 zerschneiden

Spielverlauf
Jede Gruppe bekommt ein Spielfeld (Kopiervorlage 1) und einen Würfel;
jede / jeder Lernende erhält vier bzw. fünf Antwortkarten (Kopiervorlage 2) und
eine Spielfigur. Eine Person aus der Gruppe würfelt und stellt ihre Spielfigur auf
das entsprechende Feld. Sie formuliert die Frage auf diesem Feld als indirekte
Frage.

Beispiel: | „Können Sie mir sagen, wie spät es ist?"

Das Gruppenmitglied, das die richtige Antwortkarte hat, liest die Antwort vor. Diese
Person ist dann auch mit Würfeln an der Reihe. Gewonnen hat, wer zuerst ins Ziel
kommt.

Anmerkungen
- Sie können die Lösungen (s. Anhang) im Klassenraum auslegen bzw. aufhängen,
  damit die Lernenden bei Bedarf eine Kontrollmöglichkeit haben.
- Wiederholen Sie vor dem Spiel die Regel zur Benutzung von *ob* in indirekten
  Fragesätzen.

Redemittel
- Können Sie mir sagen, wie / wann / was / ob / …
- Kannst du mir sagen, wie / wann / was / ob / …
- Könnten Sie mir sagen, wie / wann / was / ob / …

Kopiervorlage 1

START

Wie spät ist es?

Wo ist hier der Bahnhof?

Wann fährt der nächste Bus?

Wie sind die Öffnungszeiten?

Gibt es noch Karten für das Konzert?

Hat die Vorstellung schon begonnen?

Wann kommt Herr Maier zurück?

Wo finde ich Herrn Maier?

Wann beginnt der Film?

Wie viel kostet eine Karte?

Wann beginnt der nächste Kurs?

Wo ist der Kursraum?

Welche Dokumente brauche ich?

Wer kann mir eine Auskunft geben?

Sind Sie am Vormittag immer erreichbar?

Wo ist die Toilette?

Um wie viel Uhr kann ich kommen?

ZIEL

Gibt es einen Nachtdienst im Hotel?

Welchen Bus muss ich nehmen?

Wie komme ich zur Bushaltestelle?

55 Spiele mit Chunks
ISBN 978-3-12-674152-1

Kopiervorlage 2 (Antwortkarten)

Montag bis Freitag von 8.00 bis 12.00 Uhr.	Der fährt in 10 Minuten.
Im 2. Stock, Zimmer 215; sein Name steht an der Tür.	Er beginnt um 20.00 Uhr, aber zuerst kommt Werbung.
Im 1. Stock; es ist das Zimmer mit dem Smartboard.	Voraussichtlich am 1. Mai – das hängt von den Anmeldungen ab.
Gleich da vorne rechts, sie ist aber nur für Kunden.	Ja, außer am Mittwoch.
Ja, selbstverständlich. Es ist immer jemand da.	Den Bus Nummer 31.

Gleich da vorne, Sie können schon die große Uhr sehen.	Es ist 8 Uhr 15.
30 Euro.	Leider nicht, es ist ausverkauft.
Ja, vor 5 Minuten.	Erst in einer Woche, er ist im Urlaub.
Fragen Sie Frau Schmidt.	Einen Reisepass.
Gehen Sie geradeaus und dann rechts. Da ist gleich die Haltestelle.	Gegen 15.00 Uhr würde es mir gut passen.

55 Spiele mit Chunks
ISBN 978-3-12-674152-1

38 | Duett: Um Auskunft bitten

Sprachniveau
A2

Thema / Situation
Auskünfte einholen und geben

Anzahl der Spielerinnen / Spieler
Kleingruppen von 3–4 Personen

Spieldauer
ca. 15 Minuten

Vorbereitung
- Kopiervorlage 1 (Fragekarten) und Kopiervorlage 2 (Antwortkarten) für jede Gruppe einmal kopieren und zerschneiden

Spielverlauf
Die Karten werden gleichmäßig auf alle Lernenden in der Kleingruppe verteilt. Frage- und Antwortkarten werden getrennt voneinander auf den Tisch gelegt. Sollte jemand passende Frage- und Antwortkarten bekommen haben, wird mit einem anderen Gruppenmitglied getauscht. Die Lernenden versuchen nun, Paare zu bilden, indem sie Auskünfte von den Mitspielerinnen / Mitspielern einfordern. Dabei sprechen sie eine beliebige Person an und halten sich dabei an die Dialogvorgaben auf den Karten. Wenn die angesprochene Person die passende Karte hat, antwortet sie mit dem entsprechenden Satz, gibt die Karte der fragenden Person und diese kann das Kartenpaar ablegen. Danach darf dieselbe Person noch einmal jemanden ansprechen. Wenn die angesprochene Person die Karte mit der passenden Antwort nicht hat, sagt sie „Tut mir leid, das weiß ich nicht." und ist selbst an der Reihe. Gewonnen hat, wer am Ende die meisten Kartenpaare hat.

Beispiel:	– „Vielleicht können Sie mir helfen. Ich habe eine Frage: Ist Dr. Bernhard nächste Woche wieder da?" – „Nein, er kommt erst in zwei Wochen." bzw. „Tut mir leid, das weiß ich nicht." – „Vielen Dank." bzw. „Da kann man nichts machen." – „Bitte, gern (geschehen)."

Anmerkung
Wenn Sie die Frage- und Antwortkarten auf verschiedenfarbiges Papier kopieren, können sie leichter unterschieden werden.

Redemittel
- Ich habe passende Karten, können wir tauschen?
- Das passt zusammen.
- Das passt nicht zusammen.
- Das macht keinen Sinn.

Kopiervorlage 1 (Fragekarten)

Vielleicht können Sie mir helfen. Ich habe eine Frage: **Ist Dr. Bernhard nächste Woche wieder da?**	Vielleicht können Sie mir helfen. Ich würde gern Folgendes wissen: **Kann man bei Ihnen auch Motorboot fahren?**	Vielleicht können Sie mir helfen. Mich interessiert Folgendes: **Darf man in Ihr Hotel Hunde mitbringen?**	Der Grund meines Anrufs ist folgender: **Ich möchte meinen Sohn für drei Tage aus der Schule nehmen. An wen muss ich mich wenden?**
Vielen Dank.	Vielen Dank.	Vielen Dank.	Vielen Dank.
Da kann man nichts machen.	Da kann man nichts machen.	Da kann man nichts machen.	Da kann man nichts machen.
Vielleicht können Sie mir helfen. Ich habe eine Frage: **Wo ist hier das Bürgeramt?**	Vielleicht können Sie mir helfen. Ich würde gern Folgendes wissen: **Kann man in der Nähe Bücher ausleihen?**	Vielleicht können Sie mir helfen. Mich interessiert Folgendes: **Bieten Sie auch vegane Speisen an?**	Der Grund meines Anrufs ist folgender: **Ich möchte gern bei Ihnen studieren. Was muss ich machen?**
Vielen Dank.	Vielen Dank.	Vielen Dank.	Vielen Dank.
Da kann man nichts machen.	Da kann man nichts machen.	Da kann man nichts machen.	Da kann man nichts machen.
Vielleicht können Sie mir helfen. Ich habe eine Frage: **Kann man auch außerhalb der Öffnungszeiten zu Ihnen kommen?**	Vielleicht können Sie mir helfen. Ich würde gern Folgendes wissen: **Darf man bei Ihnen einfach so campen?**	Vielleicht können Sie mir helfen. Mich interessiert Folgendes: **Welche Sprachen kann man bei Ihnen lernen?**	Der Grund meines Anrufs ist folgender: **Ich möchte gern einen Deutschkurs machen. Gibt es noch freie Plätze?**
Vielen Dank.	Vielen Dank.	Vielen Dank.	Vielen Dank.
Da kann man nichts machen.	Da kann man nichts machen.	Da kann man nichts machen.	Da kann man nichts machen.

55 Spiele mit Chunks
ISBN 978-3-12-674152-1

© Ernst Klett Sprachen GmbH, Stuttgart 2020 | www.klett-sprachen.de | Alle Rechte vorbehalten. Die Nutzung der Inhalte für Text- und Data-Mining ist ausdrücklich vorbehalten und daher untersagt. Von dieser Druckvorlage ist die Vervielfältigung für den eigenen Unterrichtsgebrauch gestattet. Die Kopiergebühren sind abgegolten.

Kopiervorlage 2 (Antwortkarten)

Nein, er kommt erst in zwei Wochen.	**Nein, das ist auf unserem See verboten.**	**Nein, Hunde sind nicht gestattet.**	**Sie müssen sich an die Schulleiterin wenden.**
Tut mir leid, das weiß ich nicht.	Tut mir leid, das weiß ich nicht.	Tut mir leid, das weiß ich nicht.	Tut mir leid, das weiß ich nicht.
Bitte, gern (geschehen).	Bitte, gern (geschehen).	Bitte, gern (geschehen).	Bitte, gern (geschehen).
Im ersten Stock.	**Ja sicher, gehen Sie in die Stadtbücherei.**	**Ja, es gibt jeden Tag ein veganes Menü.**	**Wenden Sie sich an die Studienabteilung.**
Tut mir leid, das weiß ich nicht.	Tut mir leid, das weiß ich nicht.	Tut mir leid, das weiß ich nicht.	Tut mir leid, das weiß ich nicht.
Bitte, gern (geschehen).	Bitte, gern (geschehen).	Bitte, gern (geschehen).	Bitte, gern (geschehen).
Das geht leider nicht, Sie können nur während der Öffnungszeiten kommen.	**Nein, wildes Campen ist verboten. Aber wir haben einen sehr schönen Campingplatz.**	**Wir bieten Englisch, Italienisch und Französisch an.**	**Ja, für den nächsten Kurs gibt es noch freie Plätze.**
Tut mir leid, das weiß ich nicht.	Tut mir leid, das weiß ich nicht.	Tut mir leid, das weiß ich nicht.	Tut mir leid, das weiß ich nicht.
Bitte, gern (geschehen).	Bitte, gern (geschehen).	Bitte, gern (geschehen).	Bitte, gern (geschehen).

55 Spiele mit Chunks
ISBN 978-3-12-674152-1

Klett

39 | Trios: Unterwegs in der Stadt

Sprachniveau
A2

Thema / Situation
Orte in der Stadt aufsuchen

Anzahl der Spielerinnen / Spieler
Kleingruppen von 3–4 Personen

Spieldauer
ca. 15 Minuten

Vorbereitung
- Kopiervorlagen pro Gruppe einmal kopieren und zerschneiden

Spielverlauf
Die Karten werden gleichmäßig innerhalb der Gruppe verteilt. Die Lernenden versuchen, drei passende Karten zu bekommen, indem sie fehlende Karten von den anderen Gruppenmitgliedern einfordern. Dazu sprechen sie eine andere Person an.

Beispiel: „Ich gehe zur Post. Ich möchte einen Brief abschicken."

Wenn die angesprochene Person die Karte hat, gibt sie sie der fragenden Person. Dieselbe Person darf weiterfragen. Hat sie alle drei Karten, darf sie sie ablegen. Hat die angesprochene Person die Karte nicht, lehnt sie ab.

Beispiel: „Hier gibt es keine Post."

Die / Der nächste Lernende ist an der Reihe. Gewonnen hat, wer am Ende die meisten Trios abgelegt hat.

Redemittel
- Hier gibt es kein/keine/keinen ...

Ich gehe zur Post.

Ich möchte einen Brief abschicken.
———

F   Ich möchte Briefmarken kaufen.
F   Ich möchte ein Paket abholen.

Ich gehe zur Post.

Ich möchte Briefmarken kaufen.
———

F   Ich möchte einen Brief abschicken.
F   Ich möchte ein Paket abholen.

Ich gehe zur Post.

Ich möchte ein Paket abholen.
———

F   Ich möchte Briefmarken kaufen.
F   Ich möchte einen Brief abschicken.

Ich gehe in die Apotheke.

Ich möchte Hustensaft kaufen.
———

F   Ich muss ein Rezept einlösen.
F   Ich habe Kopfschmerzen.

Ich gehe in die Apotheke.

Ich muss ein Rezept einlösen.
———

F   Ich möchte Hustensaft kaufen.
F   Ich habe Kopfschmerzen.

Ich gehe in die Apotheke.

Ich habe Kopfschmerzen.
———

F   Ich möchte Hustensaft kaufen.
F   Ich muss ein Rezept einlösen.

Ich gehe zur Bank.

Ich möchte ein Konto eröffnen.
———

F   Ich möchte Geld abheben.
F   Ich möchte Geld überweisen.

Ich gehe zur Bank.

Ich möchte Geld abheben.
———

F   Ich möchte ein Konto eröffnen.
F   Ich möchte Geld überweisen.

Ich gehe zur Bank.

Ich möchte Geld überweisen.
———

F   Ich möchte ein Konto eröffnen.
F   Ich möchte Geld abheben.

Ich gehe ins Café.

Ich möchte einen Kaffee trinken.
———

F   Ich möchte Freunde treffen.
F   Ich möchte mich unterhalten.

Ich gehe ins Café.

Ich möchte Freunde treffen.
———

F   Ich möchte einen Kaffee trinken.
F   Ich möchte mich unterhalten.

Ich gehe ins Café.

Ich möchte mich unterhalten.
———

F   Ich möchte einen Kaffee trinken.
F   Ich möchte Freunde treffen.

55 Spiele mit Chunks
ISBN 978-3-12-674152-1

Klett

Ich gehe zum Konsulat.

Ich muss einen neuen Pass beantragen.
———

F   Ich möchte mein Visum abholen.
F   Ich habe meinen Pass verloren.

Ich gehe zum Konsulat.

Ich möchte mein Visum abholen.
———

F   Ich muss einen neuen Pass beantragen.
F   Ich habe meinen Pass verloren.

Ich gehe zum Konsulat.

Ich habe meinen Pass verloren.
———

F   Ich muss einen neuen Pass beantragen.
F   Ich möchte mein Visum abholen.

Ich gehe ins Theater.

Ich möchte eine Komödie sehen.
———

F   Ich möchte eine Tragödie sehen.
F   Ich möchte diesen Schauspieler sehen.

Ich gehe ins Theater.

Ich möchte eine Tragödie sehen.
———

F   Ich möchte eine Komödie sehen.
F   Ich möchte diesen Schauspieler sehen.

Ich gehe ins Theater.

Ich möchte diesen Schauspieler sehen.
———

F   Ich möchte eine Tragödie sehen.
F   Ich möchte eine Komödie sehen.

Ich gehe zur Touristen-Information.

Ich brauche einen Stadtplan.
———

F   Ich will Informationen über die Stadt bekommen.
F   Ich suche ein Hotelzimmer.

Ich gehe zur Touristen-Information.

Ich will Informationen über die Stadt bekommen.
———

F   Ich brauche einen Stadtplan.
F   Ich suche ein Hotelzimmer.

Ich gehe zur Touristen-Information.

Ich suche ein Hotelzimmer.
———

F   Ich will Informationen über die Stadt bekommen.
F   Ich brauche einen Stadtplan.

Ich gehe in den Park.

Ich will die Natur genießen.
———

F   Ich will Ruhe haben.
F   Mein Kind will spielen.

Ich gehe in den Park.

Ich will Ruhe haben.
———

F   Ich will die Natur genießen.
F   Mein Kind will spielen.

Ich gehe in den Park.

Mein Kind will spielen.
———

F   Ich will die Natur genießen.
F   Ich will Ruhe haben.

55 Spiele mit Chunks
ISBN 978-3-12-674152-1

Klett

40 | Wegbeschreibungen

Sprachniveau
A2

Thema / Situation
Wegbeschreibungen in der Stadt geben und erfragen

Anzahl der Spielerinnen / Spieler
beliebig, gespielt wird in Partnerarbeit

Spieldauer
ca. 10 Minuten

Vorbereitung
■ Kopiervorlage einmal für jedes Paar kopieren und auseinanderschneiden

Spielverlauf
Eine Person bekommt Arbeitsblatt A, die andere Arbeitsblatt B. Beide Arbeitsblätter enthalten Wissenslücken. Diese sollen die Lernenden füllen, indem sie ihre Informationen austauschen. Die erhaltenen Informationen werden notiert.

Arbeitsblatt A

Entschuldigung, können Sie mir helfen? Wo finde ich die Bushaltestelle?

....

Wo ist die Apotheke?

....

Wie komme ich zur Universität?

....

An der Ecke.

Gehen Sie geradeaus, dann rechts.

Gehen Sie geradeaus bis zur Ampel, dann die erste Straße rechts.

Arbeitsblatt B

Wie komme ich zum Bahnhof?

....

Entschuldigung, können Sie mir helfen? Wo ist die nächste Bank?

....

Wo ist der Raum 24?

....

Nehmen Sie den Bus Nr. 54.

Gehen Sie geradeaus und dann links.

Auf dem Hauptplatz.

55 Spiele mit Chunks
ISBN 978-3-12-674152-1

41 | Würfelspiel: Essenseinladung

Sprachniveau
A2

Thema / Situation
Sich mit Gästen und Gastgebern unterhalten

Anzahl der Spielerinnen / Spieler
Kleingruppen von 2–4 Personen

Spieldauer
ca. 10 Minuten

Benötigtes Material
- Würfel
- Spielfiguren

Vorbereitung
- Kopiervorlage (S. 101) für jede Gruppe einmal kopieren
- Chunks zur Verfügung stellen (als Kopie, an der Tafel oder per Projektion)

Spielverlauf
Die Lernenden setzen die Spielfiguren auf das Startfeld. Eine Person würfelt und setzt ihre Spielfigur auf das entsprechende Feld. Sie sagt den Chunk, der für die auf dem Spielfeld dargestellte Situation passt. Macht sie einen Fehler, wird die Spielfigur um ein Feld zurückgesetzt. Dann ist die nächste Person an der Reihe. Gewonnen hat, wer zuerst das Zielfeld erreicht hat.

Anmerkung
Im Anhang finden Sie die Lösungen. Diese können kopiert und im Klassenraum aufgehängt werden, sodass die Lernenden bei Unsicherheiten die Möglichkeit zur Kontrolle haben.

Anschlussaktivitäten
- Die Lerner spielen die Situation als Rollenspiel nach – formell oder informell.
- Mit der Lösung (s. Anhang) kann eine Zuordnungsübung durchgeführt werden: Schneiden Sie dazu die Bilder und die Sätze einzeln aus. Dann können in Einzel-, Partner- oder Kleingruppenarbeit Bilder und Sätze zugeordnet werden. Diese Variante wäre auch eine Möglichkeit zur Vorbereitung auf das Spiel.

Chunks

Formell

- Danke für die Einladung.
- Nehmen Sie Platz.
- Greifen Sie zu.
- Guten Appetit.
- Was trinken Sie?
- Wasser bitte. Ich trinke keinen Alkohol.
- Zum Wohl!
- Nehmen Sie doch noch!
- Danke, ich bin satt.

Informell

- Schön, dass du gekommen bist.
- Komm rein.
- Setz dich.
- Hoffentlich hast du Hunger.
- Ja, ich bin ziemlich hungrig.
- Was möchtest du denn trinken?
- Hast du eine Cola?
- Danke, ich kann nicht mehr.

42 | Memo-Spiel: Im Restaurant

Sprachniveau
A2

Thema / Situation
Dialoge im Restaurant führen

Anzahl der Spielerinnen / Spieler
Kleingruppen von 2–4 Personen

Spieldauer
ca. 15 Minuten

Vorbereitung
- Kopiervorlagen 1 und 2 für jede Gruppe einmal kopieren und zerschneiden

Spielverlauf
1. Die Lernenden bilden vor dem Spiel zur Vorentlastung in den Kleingruppen Bild-Satz-Paare. Die Lösung finden Sie im Anhang.
2. Die Bild- und Satzkarten werden gemischt und verdeckt auf dem Tisch verteilt. Die / Der erste Lernende dreht zwei Karten um. Passen die Karten nicht zusammen, ist die nächste Person an der Reihe. Wenn das Paar zusammenpasst, darf es behalten werden und dieselbe Person darf zwei weitere Karten aufdecken usw. Wer die meisten Paare hat, hat gewonnen.

Anmerkungen
- Wenn die beiden Kopiervorlagen auf verschiedenfarbiges Papier kopiert werden, wird das Spiel leichter, da Bild- und Satzkarten unterschieden werden können. Alternativ können Bild- und Satzkarten getrennt voneinander auf den Tisch gelegt werden.
- Wenn eine Satzkarte umgedreht wird, sollte der Satz immer zuerst laut vorgelesen werden.

Anschlussaktivität
Die Lernenden ordnen die einzelnen Sätze, ergänzen sie zu einem Dialog und präsentieren den Dialog im Plenum.

Kopiervorlage 1 (Bildkarten)

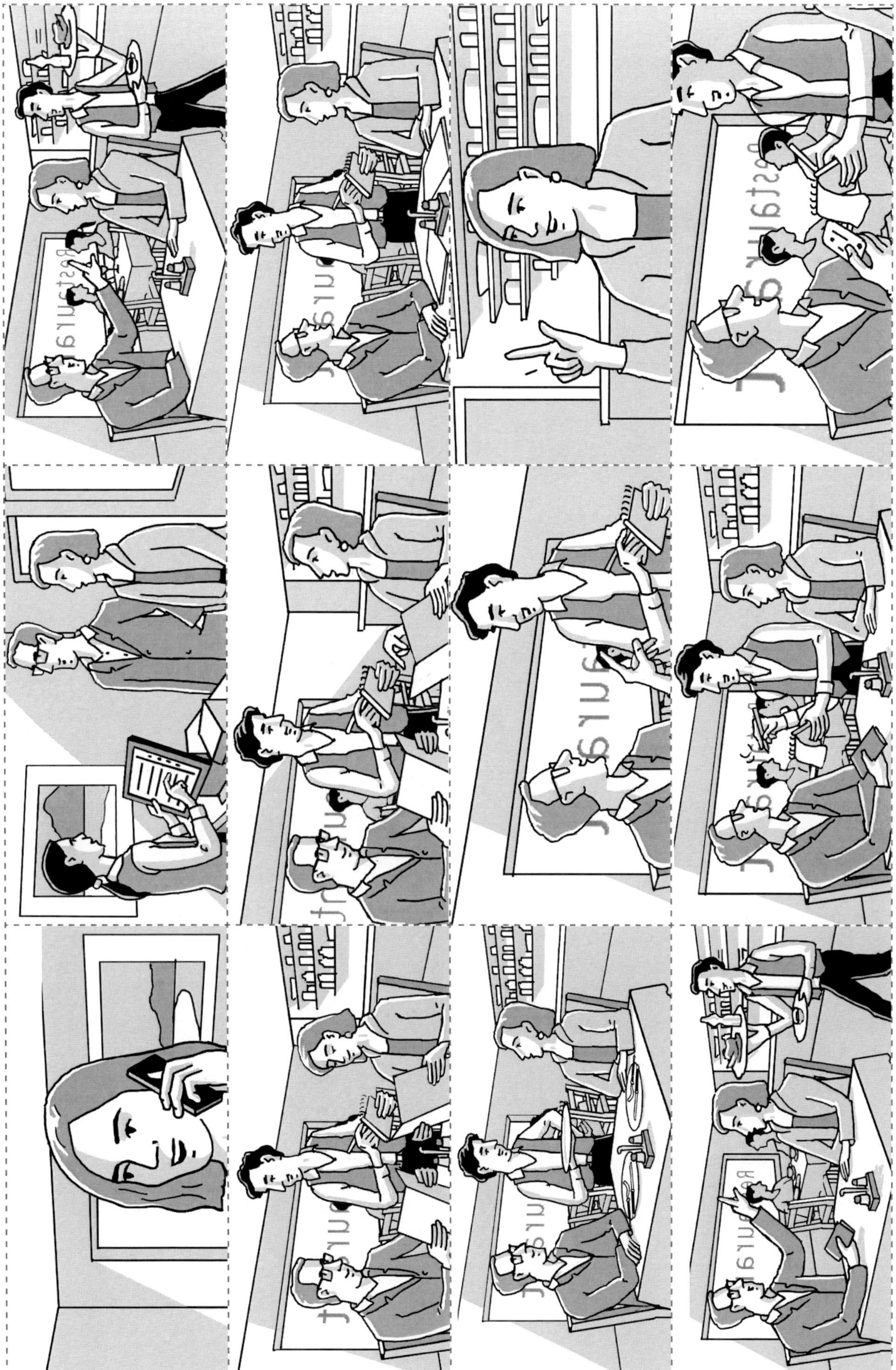

Kopiervorlage 2 (Satzkarten)

„Könnten wir die Speisekarte haben?"

„Was können Sie empfehlen?"

„Zwei. Für mich auch."

„Kann ich mit Karte bezahlen?"

„Wir haben auf den Namen Melchior reserviert."

„Ich hätte gern …"

„Noch einen Kaffee, bitte."

„Getrennt oder zusammen?"

„Ich möchte gern einen Tisch für zwei Personen am Freitagabend reservieren."

„Haben Sie sich schon entschieden?"

„Haben Sie noch einen Wunsch?"

„Könnten Sie uns die Rechnung bringen?"

55 Spiele mit Chunks
ISBN 978-3-12-674152-1

43 | Etwas bestellen (Dramapädagogik)

Sprachniveau
A2

Thema / Situation
Bestellungen im Restaurant, in der Eisdiele und im Kino aufgeben

Anzahl der Spielerinnen / Spieler
Schritt 1: Plenum (ca. 16 Personen)
Schritt 2: Gruppenarbeit

Spieldauer
ca. 30 Minuten

Vorbereitung
- Kopiervorlage 1 einmal kopieren und zerschneiden
- Kopiervorlage 2 evtl. vergrößern, auseinanderschneiden und die Bilder im Raum auslegen

Spielverlauf
1. Jede / Jeder Lernende erhält einen Zettel mit einem Satz von Kopiervorlage 1 und lernt ihn auswendig. Die Lernenden gehen zu den ausgelegten Bildern. Wenn sie meinen, dass ihr Satz zu einem Bild passt, schreiben sie ihn dazu.
2. Die Lernenden bilden drei Gruppen. Jede Gruppe erhält ein Bild mit den ihm zugeschriebenen Sätzen. Die Lernenden sollen nun eine kleine Szene einstudieren, in der die Sätze verwendet werden. Die Szene kann gern ausgebaut werden.

Variante
Die Lernenden bilden von Beginn an Kleingruppen von 3–5 Personen. Jede Gruppe erhält alle drei Bilder und alle Sätze. Die Sätze werden den Bildern zugeordnet, dann entscheidet sich die Gruppe für eine Szene und spielt diese vor.

Anmerkung
In kleineren Gruppen können besonders gute Lernende auch zwei Sätze bekommen, in größeren Gruppen bekommen je zwei schwächere Lernende gemeinsam einen Satz.

Haben Sie noch einen Wunsch?

Hat es geschmeckt?

Ja, es war sehr gut.

Möchten Sie noch etwas trinken?

Ja, gerne noch einen Kaffee.

Die Rechnung, bitte.

Zahlen Sie bar oder mit Karte?

Zwei Kugeln Eis, bitte. Schokolade und Vanille.

Im Becher oder in der Waffel?

In der Waffel.

Das macht 2 Euro 60.

Ich hätte gern eine Tüte Popcorn.

Süß oder salzig?

Salzig, bitte.

Möchtest du auch etwas trinken?

Das macht 4 Euro.

55 Spiele mit Chunks
ISBN 978-3-12-674152-1

55 Spiele mit Chunks
ISBN 978-3-12-674152-1

44 | Pantomime-Spiel: Hausarbeit

Sprachniveau
A2

Thema / Situation
Hausarbeiten benennen

Anzahl der Spielerinnen / Spieler
Plenum, ab 6 Personen

Spieldauer
ca. 15 Minuten

Benötigtes Material
- Sanduhr (0,5 Minuten) oder Stoppuhr
- evtl. ein weicher Ball

Vorbereitung
- Kopiervorlage einmal kopieren und zerschneiden

Spielverlauf
Die Lernenden werden in zwei Gruppen geteilt. Eine Person kommt zur Lehrkraft, zieht eine Karte und stellt den Begriff pantomimisch dar. Die Gruppe, aus der diese Person kommt, muss die Tätigkeit innerhalb einer halben Minute erraten und korrekt benennen. Schafft sie es, bekommt die Gruppe einen Punkt; schafft sie es nicht, bekommt die Gruppe keinen Punkt. Dann darf die andere Gruppe raten. Wer am Ende die meisten Punkte hat, hat gewonnen.

Anschlussaktivität
Die Lernenden spielen „Haushaltshilfe": Die Lehrkraft wirft einer / einem Lernenden den Ball zu und gibt eine Anweisung.

Beispiel: „Spülen Sie das Geschirr."

Die / Der Lernende stellt die Arbeit pantomimisch dar, wirft den Ball weiter und gibt ebenfalls eine Anweisung.

das Essen kochen	das Fleisch braten	einen Kuchen backen
den Salat anmachen*	das Geschirr spülen	den Tisch abwischen
Staub saugen	Staub wischen	die Wäsche waschen
die Wäsche bügeln	das Zimmer aufräumen	die Fenster putzen
den Boden wischen	den Tisch decken	die Blumen gießen

* in Süddeutschland und Österreich gebräuchlich; auch: *das (Salat)Dressing machen*

55 Spiele mit Chunks
ISBN 978-3-12-674152-1

45 | Memo-Spiel: Körperpflege

Sprachniveau
A2

Thema / Situation
Wortschatz zum Thema „Körperpflege" üben

Anzahl der Spielerinnen / Spieler
Kleingruppen von 2–4 Personen

Spieldauer
ca. 15 Minuten

Vorbereitung
- Kopiervorlagen 1 und 2 für jede Gruppe einmal kopieren und zerschneiden

Spielverlauf
1. Optional: Die Lernenden bilden vor dem Spiel in den Kleingruppen zur Übung Wort-Bild-Paare.
2. Die Wort- und Bildkarten werden gemischt und getrennt voneinander verdeckt auf den Tisch gelegt. Die / Der erste Lernende dreht eine Wortkarte um, liest den Chunk und dreht dann eine Bildkarte um. Wenn das Paar zusammenpasst, darf es behalten werden. Jede Person darf so lange weiterspielen, bis sie zwei Karten aufdeckt, die nicht zusammenpassen. Dann ist die / der Nächste an der Reihe. Wer die meisten Paare hat, hat gewonnen.

Variante
Die Lernenden drehen zuerst eine Bildkarte um, formulieren den passenden Chunk und drehen dann eine Wortkarte um. Danach ist der Ablauf wieder wie oben.

Anmerkung
Wenn die beiden Kopiervorlagen auf verschiedenfarbiges Papier kopiert werden, können Wort- und Bildkarten besser unterschieden werden.

Anschlussaktivität
Reihenübung im Plenum: Jede / Jeder Lernende sagt der Reihe nach einen Satz.

Beispiel:
> „Ich putze mir jeden Tag die Zähne." – „Ich trage nie Lippenstift auf." – ...

Kopiervorlage 1 (Wortkarten)

die Zähne putzen	die Haare waschen	die Haare föhnen
die Haare kämmen	die Hände waschen	die Nägel schneiden
die Nägel lackieren	die Wimpern tuschen	den Bart kürzen
das Gesicht eincremen	Lippenstift auftragen	die Beine rasieren

Kopiervorlage 2 (Bildkarten)

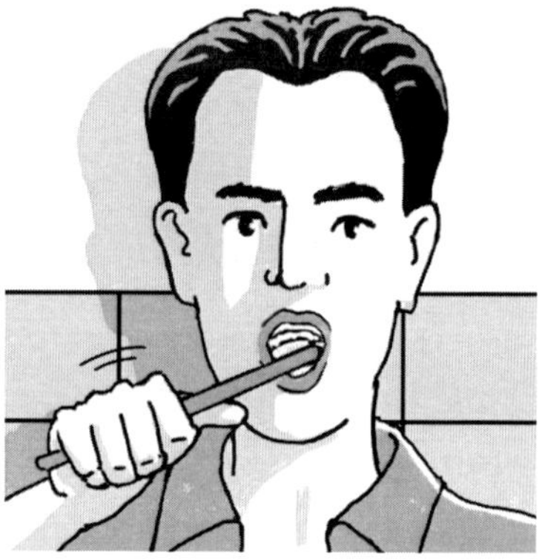

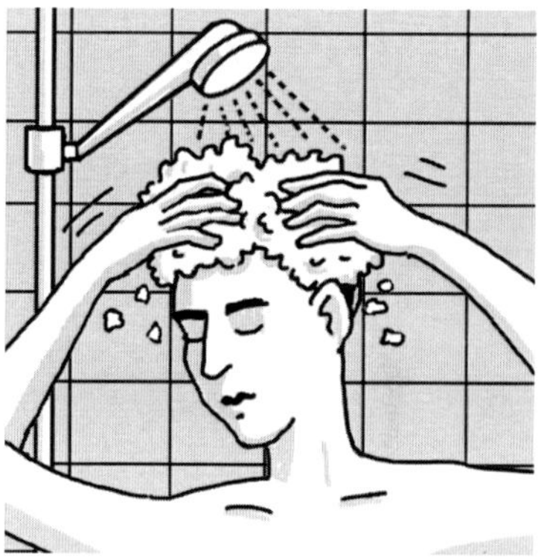

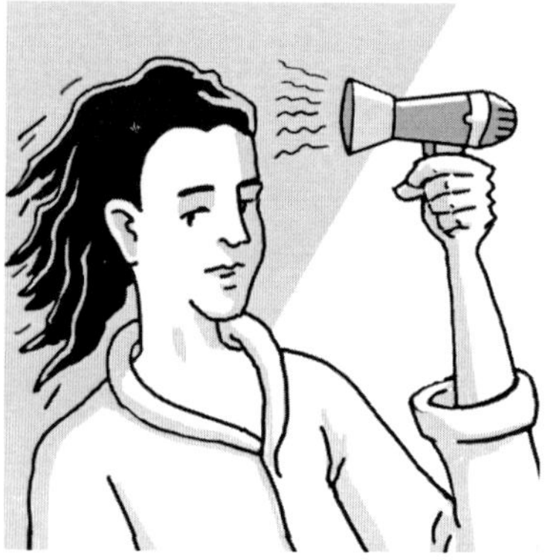

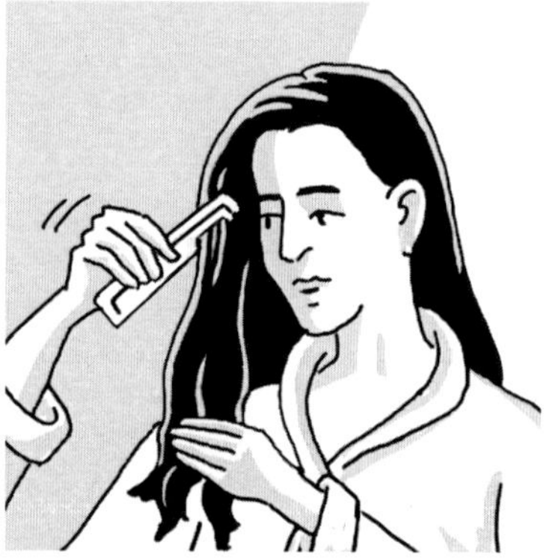

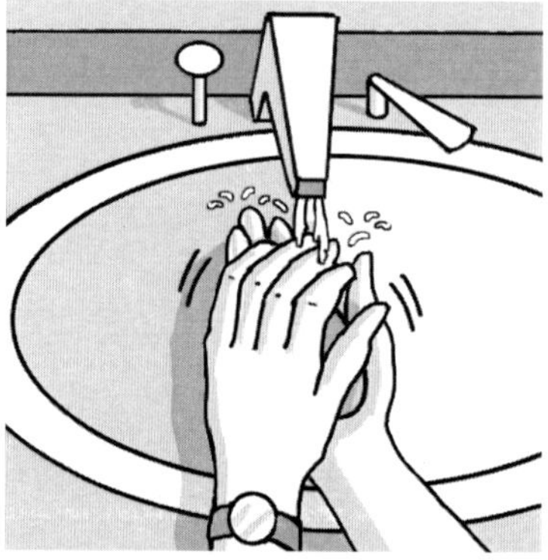

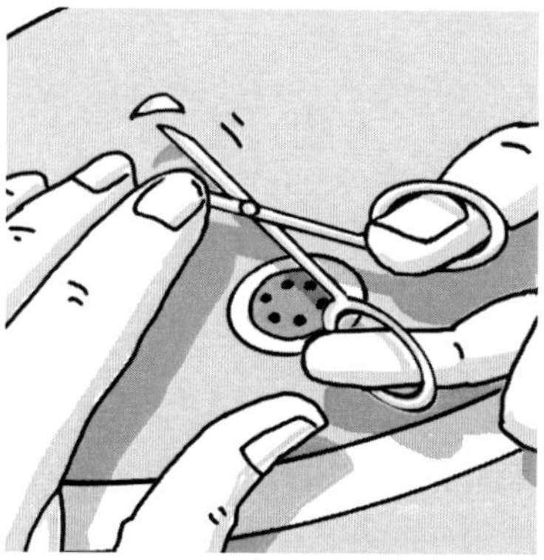

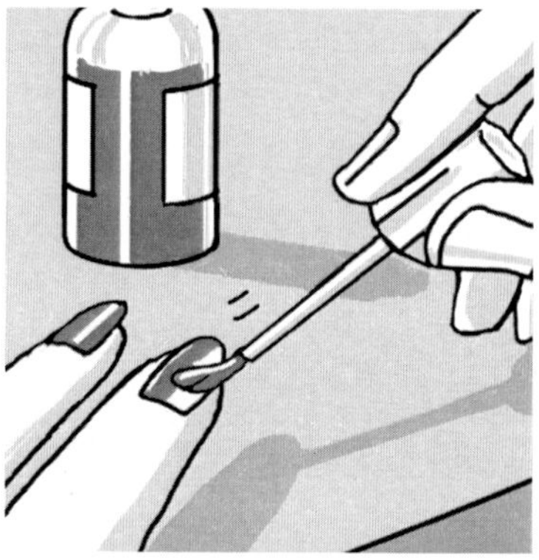

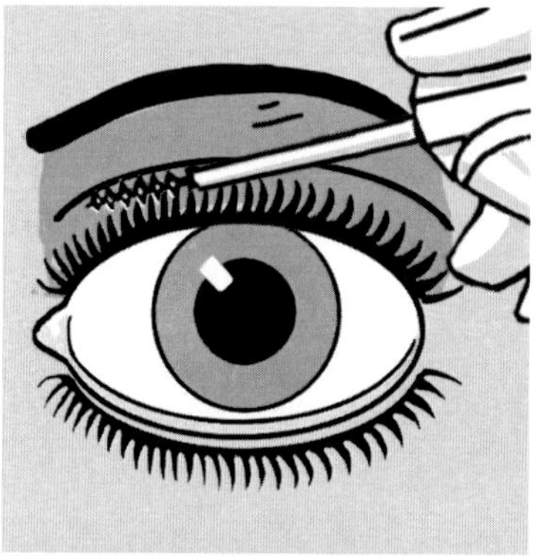

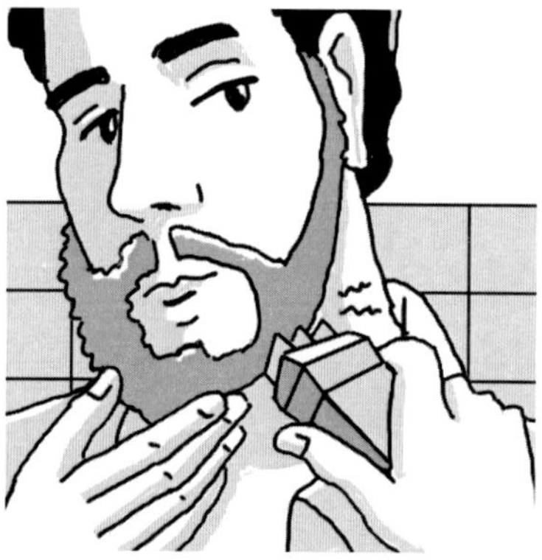

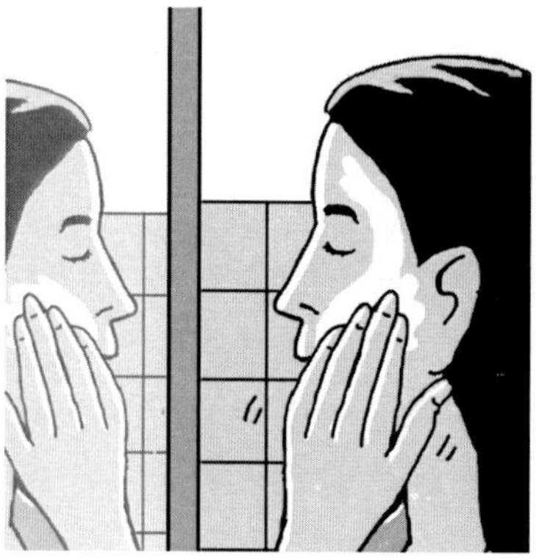

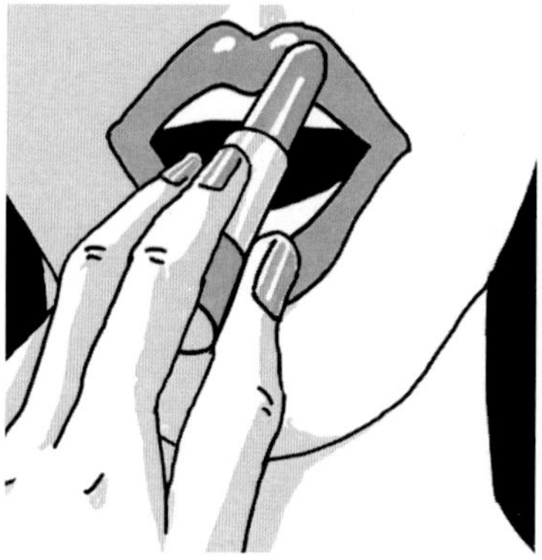

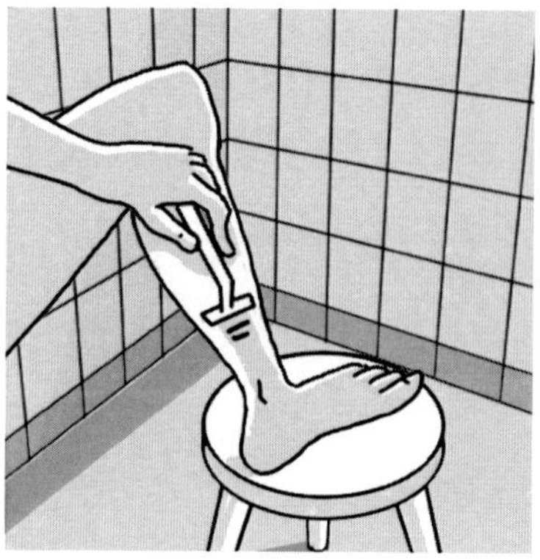

46 | Dialogspiel: Ratschläge bei Krankheiten

Sprachniveau
A2

Thema / Situation
Ratschläge bei Krankheiten geben

Anzahl der Spielerinnen / Spieler
beliebig, gespielt wird in Partnerarbeit

Spieldauer
ca. 10 Minuten

Vorbereitung
■ Kopiervorlage für jede 2er-Gruppe einmal kopieren und auseinanderschneiden

Spielverlauf
Es handelt sich um ein Rollenspiel bzw. einen Dialog zwischen zwei Personen.
Lernende / Lernender A stellt Lernender / Lernendem B eine Frage nach dem
Befinden (Einleitende Frage).

Beispiel (A):   „Ich habe gehört, du bist krank. Was fehlt dir denn?"

B beantwortet die Frage (Redemittel ‚Angaben zum Befinden machen').

Beispiel (B):   „Ich habe starke Kopfschmerzen."

A gibt daraufhin einen Rat (Redemittel ‚Ratschläge geben').

Beispiel (A):   „Du solltest ins Bett gehen."

B bedankt sich (Redemittel ‚Sich bedanken').

Beispiel: „Danke, das mache ich."

Danach werden die Rollen getauscht.

Lernende / Lernender A

Einleitende Frage:

Ich habe gehört, du bist / Sie sind krank. Was fehlt dir / Ihnen denn?

Angaben zum Befinden machen
- Ich glaube, ich habe Fieber.
- Mir ist übel.
- Ich habe mich beim Sport verletzt, mein Bein tut weh.
- Mir ist schwindlig.

Ratschläge geben
- Du solltest / Sie sollten zum Arzt gehen.
- Du solltest / Sie sollten ins Bett gehen.
- Du solltest / Sie sollten Fieber messen.
- Du solltest / Sie sollten zur Apotheke gehen und Medikamente kaufen.
- Du solltest / Sie sollten Tee trinken.

Sich bedanken
- Danke für deine / Ihre Hilfe.
- Danke für deinen / Ihren Rat.
- Danke, das mache ich.

✂ -

Lernende / Lernender B

Einleitende Frage:

Du siehst / Sie sehen nicht gut aus. Bist du / Sind Sie krank?

Angaben zum Befinden machen
- Ich habe starke Kopfschmerzen.
- Ich habe Zahnschmerzen.
- Ich habe die Grippe.
- Ich bin erkältet.

Ratschläge geben
- Du solltest / Sie sollten zum Arzt gehen.
- Du solltest / Sie sollten ins Bett gehen.
- Du solltest / Sie sollten Fieber messen.
- Du solltest / Sie sollten zur Apotheke gehen und Medikamente kaufen.
- Du solltest / Sie sollten Tee trinken.

Sich bedanken
- Danke für deine / Ihre Hilfe.
- Danke für deinen / Ihren Rat.
- Danke, das mache ich.

55 Spiele mit Chunks
ISBN 978-3-12-674152-1

© Ernst Klett Sprachen GmbH, Stuttgart 2020 | www.klett-sprachen.de | Alle Rechte vorbehalten. Die Nutzung der Inhalte für Text- und Data-Mining ist ausdrücklich vorbehalten und daher untersagt. Von dieser Druckvorlage ist die Vervielfältigung für den eigenen Unterrichtsgebrauch gestattet. Die Kopiergebühren sind abgegolten.

Klett

47 | Memo-Spiel: Feste

Sprachniveau
A2

Thema / Situation
Kollokationen zum Thema „Feste" üben

Anzahl der Spielerinnen / Spieler
Kleingruppen von 2–4 Personen

Spieldauer
ca. 10 Minuten

Benötigtes Material
- eine Münze (oder ein anderer Spielstein) pro Gruppe

Vorbereitung
- Kopiervorlagen 1 und 2 für jede Gruppe einmal kopieren
- Kopiervorlage 1 zerschneiden

Spielverlauf
1. Optional: Die Karten von Kopiervorlage 1 werden von den Lernenden in der Kleingruppe zur Vorentlastung zunächst den verschiedenen Festen zugeordnet: Karneval, Ostern, Weihnachten, Silvester, Hochzeit, Geburtstag.
2. Der Spielplan liegt auf dem Tisch. Die Karten werden gemischt und mit der Schrift nach unten auf den Tisch gelegt. Die erste Person wirft eine Münze auf den Spielplan. Das Feld, auf dem die Münze (zum überwiegenden Teil) liegen bleibt, gibt das Thema vor (z. B. Weihnachten). Nun dreht die Person, die die Münze geworfen hat, eine Karte um und liest den Begriff laut vor. Steht auf der Karte eine Aktivität, die zum Thema passt (z. B. *den Weihnachtsbaum schmücken*), darf die / der Lernende sie behalten. Passt die Karte nicht, wird sie wieder auf den Tisch gelegt. Manche Begriffe passen zu mehreren Festen. Die Gruppe kann diskutieren, ob die Zuordnung akzeptiert wird oder nicht. Das Spiel ist zu Ende, wenn alle Karten vergeben sind. Gewonnen hat, wer die meisten Karten hat.

Anmerkung
Im Anhang finden Sie die Lösungen. Diese können kopiert und im Klassenraum aufgehängt werden, sodass die Lernenden bei Unsicherheiten die Möglichkeit zur Kontrolle haben.

Redemittel
- Ja, das passt.
- Nein, das passt nicht.
- Das gehört nicht zu …

Anschlussaktivität
Die Lernenden schreiben in Kleingruppen eine Einladung zu einer Veranstaltung anlässlich eines Festes.

Kopiervorlage 1

Eier färben	den Weihnachtsbaum schmücken	Weihnachtslieder singen	eine Geburtstagstorte backen	zum Karnevalsumzug gehen
sich verkleiden	Ostereier suchen	Geschenke auspacken	Sekt trinken	Glück wünschen
Walzer tanzen	das Osterfeuer anzünden	Geschenke verpacken	das Feuerwerk ansehen	eine Rede halten
auf einen Ball gehen	Ostereier verstecken	Kerzen anzünden	Blei gießen	die Torte anschneiden

55 Spiele mit Chunks
ISBN 978-3-12-674152-1

Kopiervorlage 2 (Spielplan)

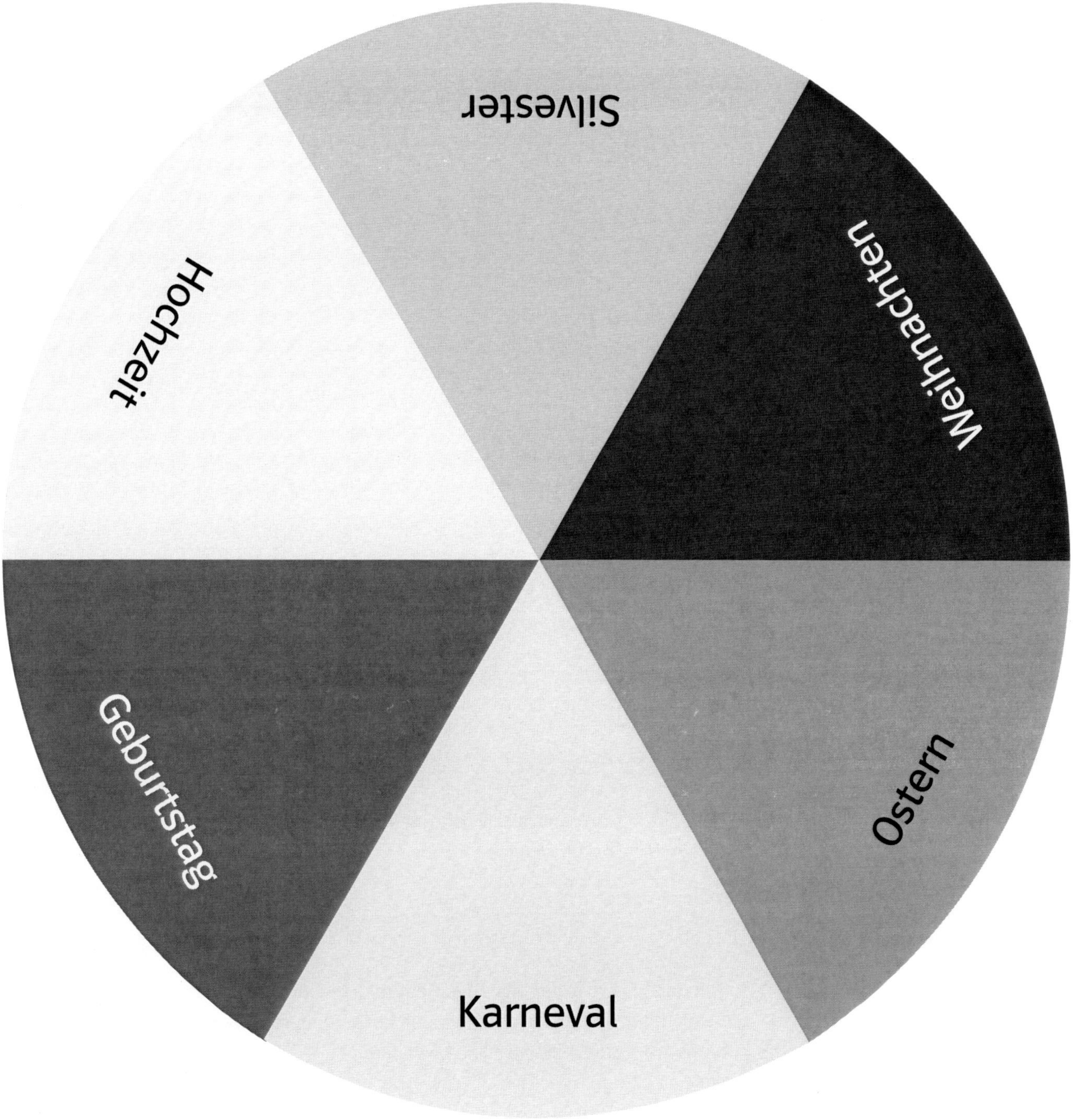

Silvester

Weihnachten

Hochzeit

Ostern

Geburtstag

Karneval

55 Spiele mit Chunks
ISBN 978-3-12-674152-1

48 | Würfelspiel: Freizeitaktivitäten

Sprachniveau
A2

Thema / Situation
Kollokationen zum Thema „Freizeit" üben

Anzahl der Spielerinnen / Spieler
beliebig, gespielt wird in Partnerarbeit

Spieldauer
ca. 5 Minuten

Benötigtes Material
- Würfel (einer für jedes Paar)

Vorbereitung
- folgende Angaben zu den Würfelsymbolen an die Tafel schreiben:

1: gehen	3: haben	5: machen
2: spielen	4: fahren	6: besuchen

Spielverlauf
Jedes Paar bekommt einen Würfel. Die erste Person würfelt und nennt das Verb entsprechend der gewürfelten Zahl, z. B. *gehen* bei einer Eins (s. Vorbereitung). Die Partnerin / Der Partner sagt innerhalb von maximal fünf Sekunden eine passende Ergänzung, z. B. *einkaufen gehen*. Ist die Ergänzung richtig, bekommt die Person einen Punkt. Dann würfelt die / der andere Lernende. Das Spiel ist zu Ende, wenn beide jedes Verb mindestens einmal gewürfelt haben. Gewonnen hat, wer die meisten Punkte hat.

Variante
Das Spiel kann auch im Plenum gespielt werden. Die Gruppe wird geteilt. Die Lehrkraft würfelt und nennt das Verb. Die Gruppe, die zuerst eine passende Ergänzung nennt, bekommt einen Punkt.

Anmerkungen
- Im Anhang finden Sie die Lösungen. Diese können verdeckt auf dem Tisch liegen oder im Klassenraum aufgehängt oder ausgelegt werden, sodass die Lernenden bei Unsicherheiten die Möglichkeit zur Kontrolle haben.
- Die Lernenden sollten die gefundenen Chunks notieren. Erstens behalten sie so den Überblick und zweitens kann nach dem Spiel gemeinsam kontrolliert werden.

Redemittel
- eine Zwei: spielen
- Das war zu lange, ich bin dran.
- Das hatte ich schon. / Das hattest du schon. / Das hatten Sie schon.

49 | Kleiderkauf (Dramapädagogik)

Sprachniveau
A2

Thema / Situation
Einkaufssituationen im Bekleidungsgeschäft üben

Anzahl der Spielerinnen / Spieler
Plenum

Spieldauer
ca. 15–20 Minuten

Vorbereitung

- Kopiervorlage 1 für alle Verkäuferinnen / Verkäufer einmal kopieren
- Kopiervorlage 2 ein- oder zweimal kopieren (in Abhängigkeit von der Anzahl der Lernenden) und zerschneiden

Spielverlauf
Die Lernenden werden in zwei Gruppen eingeteilt: Verkäuferinnen / Verkäufer und Kundinnen / Kunden (ein Drittel der Lernenden sind Verkäuferinnen bzw. Verkäufer, zwei Drittel sind Kundinnen bzw. Kunden). Die Verkäuferinnen / Verkäufer bekommen Kopiervorlage 1; die Kundinnen / Kunden bekommen einen oder mehrere Sätze von Kopiervorlage 2. Es können auch Sätze doppelt vergeben werden. Die Verkäuferinnen / Verkäufer verteilen sich im Kursraum. Die Kundinnen / Kunden gehen herum und stellen den Verkäuferinnen / Verkäufern die Fragen, die auf ihren Zetteln stehen. Diese versuchen zu helfen, indem sie den passenden Satz auf ihrem Zettel sagen. Während des Spiels tauschen die Kundinnen und Kunden mehrfach ihre Zettel untereinander aus.

Anmerkung
Die Lernenden, die die Kundinnen und Kunden sind, müssen sich gut merken, welche Lernenden die Verkäuferinnen und Verkäufer spielen. Sollte aus Versehen eine falsche Person angesprochen werden, sagt diese: „Entschuldigung, ich arbeite nicht hier."

Anschlussaktivität
Die Lernenden bilden Paare oder Kleingruppen und erstellen mit Hilfe der vorgegebenen Sätze auf den Kopiervorlagen Einkaufsdialoge. Sie entscheiden sich vorher, ob sie eher freundliche oder unfreundliche Kundinnen und Kunden erfinden. Dann lernen sie die Dialoge und spielen sie vor.

Kopiervorlage 1 (Verkäuferinnen / Verkäufer)

Ja, natürlich. Suchen Sie etwas Bestimmtes?
Die Damenabteilung ist im 2. Stock.
Die Herrenabteilung ist im 3. Stock.
Mäntel haben wir dort drüben.
Blusen finden Sie hier vorne.
Ich werde nachsehen.
Die Umkleidekabine ist dort hinten links.
Das Kleid ist reduziert. Es kostet nur 79 Euro 90.
Nein, tut mir leid, nur in dieser Farbe.
Sie steht Ihnen ausgezeichnet.

✂ -

Kopiervorlage 1 (Verkäuferinnen / Verkäufer)

Ja, natürlich. Suchen Sie etwas Bestimmtes?
Die Damenabteilung ist im 2. Stock.
Die Herrenabteilung ist im 3. Stock.
Mäntel haben wir dort drüben.
Blusen finden Sie hier vorne.
Ich werde nachsehen.
Die Umkleidekabine ist dort hinten links.
Das Kleid ist reduziert. Es kostet nur 79 Euro 90.
Nein, tut mir leid, nur in dieser Farbe.
Sie steht Ihnen ausgezeichnet.

✂ -

Kopiervorlage 1 (Verkäuferinnen / Verkäufer)

Ja, natürlich. Suchen Sie etwas Bestimmtes?
Die Damenabteilung ist im 2. Stock.
Die Herrenabteilung ist im 3. Stock.
Mäntel haben wir dort drüben.
Blusen finden Sie hier vorne.
Ich werde nachsehen.
Die Umkleidekabine ist dort hinten links.
Das Kleid ist reduziert. Es kostet nur 79 Euro 90.
Nein, tut mir leid, nur in dieser Farbe.
Sie steht Ihnen ausgezeichnet.

55 Spiele mit Chunks
ISBN 978-3-12-674152-1

Kopiervorlage 2 (Kundinnen / Kunden)

Ich würde mich gern umsehen.

Ich suche die Damenabteilung.

Ich suche die Herrenabteilung.

Ich hätte gern einen Mantel.

Ich suche eine gelbe / gestreifte / … Bluse.

Haben Sie das auch in Größe 36?

Das ist mir zu groß. Haben Sie das Modell auch eine Nummer kleiner?

Das ist mir zu klein. Haben Sie das Modell auch eine Nummer größer?

Wo ist die Umkleidekabine?

Was kostet dieses Kleid?

Haben Sie den Pullover auch in einer anderen Farbe?

Ich finde, die Hose steht mir nicht. Was meinen Sie?

55 Spiele mit Chunks
ISBN 978-3-12-674152-1

Klett

50 | Speed-Booking

Sprachniveau
A2

Thema / Situation
Ein Hotelzimmer buchen

Anzahl der Spielerinnen / Spieler
Gruppen von 10–12 Personen

Spieldauer
ca. 15 Minuten

Vorbereitung
- Kopiervorlage für jede Gruppe einmal kopieren und zerschneiden

Spielverlauf
Die Gruppe wird zweigeteilt. 5–6 Personen sind Rezeptionistinnen / Rezeptionisten; sie bekommen jeweils zwei Karten mit Zimmern, die noch frei sind. Die anderen Lernenden sind Touristinnen / Touristen, die ein Zimmer suchen; sie bekommen jeweils eine Karte mit den entsprechenden Vorgaben. Die Touristinnen / Touristen suchen nun die Rezeptionistinnen / Rezeptionisten auf und fragen nach einem Zimmer. Das Spiel ist zu Ende, wenn alle ein Zimmer gefunden haben. Dann können die Rollen getauscht und die Karten neu verteilt werden.

Anmerkung
Wenn weniger Lernende in der Gruppe sind, können Karten weggelassen werden.

Redemittel
- Ich hätte gern …
- Ich suche …
- Ich brauche …
- ein Einzelzimmer
- ein Doppelzimmer
- ein Dreibettzimmer
- … für … Nächte.
- … für ca. … Euro.
- Es tut mir leid, ein solches Zimmer ist nicht frei.
- Leider haben wir nichts frei.
- Ich kann Ihnen ein … mit … für … anbieten.
- Danke, das nehme ich.

Karten für Rezeptionistinnen / Rezeptionisten

Sie haben:

- ein Doppelzimmer
- mit Dusche und WC
- mit Balkon mit Meerblick
- mit Halbpension
- für 3 Nächte

Sie haben:

- ein Einzelzimmer
- mit Badewanne
- mit Balkon mit Meerblick
- mit Frühstück
- für 2 Nächte

Sie haben:

- ein ruhiges Einzelzimmer
- mit Dusche und WC
- mit Halbpension
- für 3 Nächte

Sie haben:

- ein Doppelzimmer
- mit Dusche und WC
- mit Frühstück
- für 2 Nächte
- für 90 € pro Nacht

Sie haben:

- ein Dreibettzimmer
- für 4 Nächte
- mit Frühstück

Sie haben:

- ein Einzelzimmer
- mit Dusche und WC
- für 5 Nächte
- für 80 € pro Nacht

Sie haben:

- ein Doppelzimmer
- mit Dusche und WC
- mit Meerblick
- für 1 Nacht

Sie haben:

- ein Einzelzimmer
- mit Dusche
- mit Balkon
- für 2 Nächte

Sie haben:

- ein Einzelzimmer zur Straße
- mit Dusche und WC
- für 3 Nächte

Sie haben:

- ein Doppelzimmer
- mit Dusche und WC
- für 3 Nächte
- für 150 € pro Nacht

Sie haben:

- ein Dreibettzimmer
- für 3 Nächte

Sie haben:

- ein Einzelzimmer
- mit Dusche und WC
- für 3 Nächte
- für 80 € pro Nacht

Karten für Touristinnen / Touristen

Sie suchen:

- ein Doppelzimmer
- mit Dusche und WC
- mit Balkon mit Meerblick
- mit Halbpension
- für 3 Nächte

Sie suchen:

- ein Einzelzimmer
- mit Badewanne
- mit Balkon mit Meerblick
- mit Frühstück
- für 2 Nächte

Sie suchen:

- ein ruhiges Einzelzimmer
- mit Dusche und WC
- mit Halbpension
- für 3 Nächte

Sie suchen:

- ein Doppelzimmer
- mit Dusche und WC
- mit Frühstück
- für 2 Nächte
- für max. 100 € pro Nacht

Sie suchen:

- ein Dreibettzimmer
- für 4 Nächte
- mit Frühstück

Sie suchen:

- ein Einzelzimmer
- mit Dusche und WC
- für 5 Nächte
- für max. 80 € pro Nacht

Klett

51 | Beziehungsstatus (Dramapädagogik)

Sprachniveau
A2

Thema / Situation
Über Beziehungen sprechen

Anzahl der Spielerinnen / Spieler
Kleingruppen von 3 Personen

Spieldauer
ca. 15 Minuten

Vorbereitung
- Kopiervorlage für jede Gruppe einmal kopieren und zerschneiden
- Redemittel an die Tafel schreiben

Spielverlauf
Jede Gruppe bekommt die Karten der zerschnittenen Kopiervorlage, die sie verdeckt in die Mitte des Tisches legt. Im Uhrzeigersinn drehen nacheinander alle Gruppenmitglieder eine Karte um und formulieren einen Satz in der vorgegebenen Stimmungslage. Die anderen Gruppenmitglieder dürfen die Karte nicht sehen. Sie müssen raten, in welcher Stimmung der Satz gesagt wurde.

Redemittel
- Ich liebe dich.
- Ich habe dich lieb.
- Ich habe mich verliebt.
- Ich vermisse dich.
- Wir haben uns getrennt.
- Wir lassen uns scheiden.
- Wir haben uns verlobt.
- Wir werden heiraten.
- Es ist kompliziert.

Anschlussaktivität
Dasselbe Spiel kann auch im Anschluss im Plenum gespielt werden.

Freude

Überraschung

Wut/Ärger

Scham

Angst

Enttäuschung/Trauer

55 Spiele mit Chunks
ISBN 978-3-12-674152-1

Klett

52 | Eine Geschichte erzählen (Dramapädagogik)

Sprachniveau
A2

Thema / Situation
Formelle Begrüßung und Konversation üben

Anzahl der Spielerinnen / Spieler
Kleingruppen von 4–5 Personen

Spieldauer
ca. 15 Minuten

Vorbereitung
- Kopiervorlage 1 so oft kopieren, dass jede Gruppe einen Text bekommt
- Kopiervorlage 2 für jede Gruppe einmal kopieren und zerschneiden

Spielverlauf
Jede Gruppe bekommt einen Text von Kopiervorlage 1 und einen Satz Karten (Kopiervorlage 2); die Karten werden gleichmäßig auf alle Lernenden verteilt. Ein Gruppenmitglied liest den Text vor; die lesende Person gibt der Gruppe jeweils zu verstehen, wenn ein Satz / Satzteil eingefügt werden muss. Bei jeder Lücke überlegen die Gruppenmitglieder, ob sie den passenden Satz / Satzteil auf einer Karte haben. Dieser wird dann in den Text eingefügt.

Anmerkungen
- Erklären Sie den Lernenden vorab die Situation: Kommissar Kramer kommt im Rahmen einer Ermittlung auf eine Party. Er spricht mit den Gästen und hofft, brauchbare Informationen zu bekommen.
- Die Gruppen brauchen nie alle Sätze (vgl. Lösung im Anhang).
- Wenn Sie das Spiel leichter gestalten möchten, geben Sie den Gruppen nur die Sätze / Satzteile, die tatsächlich gebraucht werden.

Redemittel
- Wer hat den Satz / Satzteil?
- Ich habe den richtigen Satz.
- Nein, das passt nicht.

Anschlussaktivitäten
- Jede Gruppe liest ihren Text vor. Wenn ein Chunk vorgelesen wird, klopfen alle auf den Tisch.
- Der Text wird als Theaterstück einstudiert und gespielt.

Kopiervorlage 1

Text 1

Markus Kramer kam in den Garten. Die Party war ....
Frau Lorin sagte: „.. „ „...",
meinte Kramer. Er mochte solche Partys nicht. Er schaute. Fast alle Gäste konnten es
getan haben. Deshalb war er gekommen. „..",
meinte Frau Lorin. „Peter, das ist Kommissar Kramer von der Polizei. Herr Kramer,
mein Mann." „..", sagten Kramer und Herr Lorin.
Kramer nahm sich ein Glas Wein und spazierte durch den Garten. Überall standen
kleine Gruppen von Menschen. Kramer stellte sich zu einer Gruppe.

....

Text 2

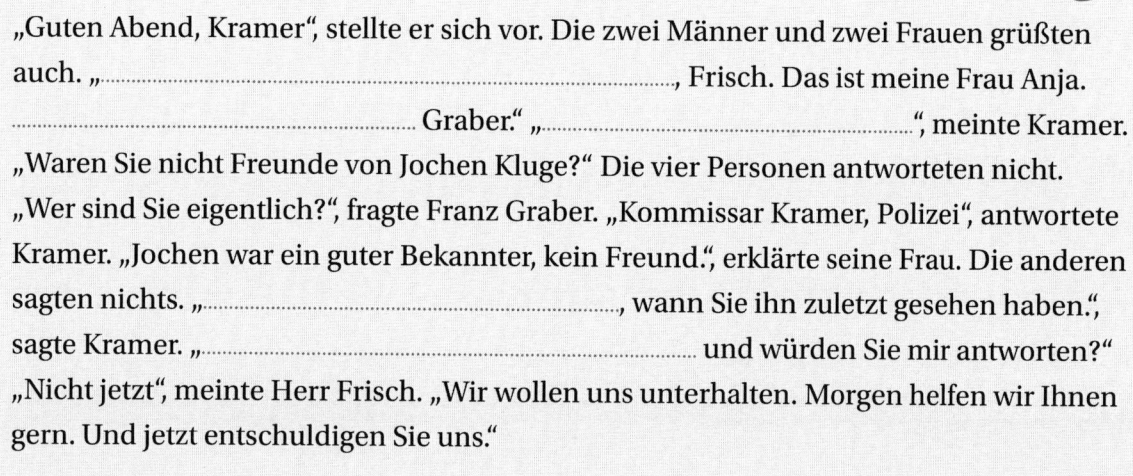

„Guten Abend, Kramer", stellte er sich vor. Die zwei Männer und zwei Frauen grüßten
auch. „.., Frisch. Das ist meine Frau Anja.
....Graber." „...", meinte Kramer.
„Waren Sie nicht Freunde von Jochen Kluge?" Die vier Personen antworteten nicht.
„Wer sind Sie eigentlich?", fragte Franz Graber. „Kommissar Kramer, Polizei", antwortete
Kramer. „Jochen war ein guter Bekannter, kein Freund.", erklärte seine Frau. Die anderen
sagten nichts. „.., wann Sie ihn zuletzt gesehen haben.",
sagte Kramer. „...und würden Sie mir antworten?"
„Nicht jetzt", meinte Herr Frisch. „Wir wollen uns unterhalten. Morgen helfen wir Ihnen
gern. Und jetzt entschuldigen Sie uns."

....

Text 3

Kramer war allein. Da kam eine Frau. „Kommissar Kramer, wie geht es Ihnen?"
„...", antwortete Kramer. Frau Lieb sagte: „Es geht.
Das mit Jochen ist schlimm für mich. Ich habe gehört, dass er sich mit Franz Graber
gestritten hat. ....seine Frau, Sabine. Die beiden waren ja
einmal ein Paar." „...Jochen Kluge und Sabine
Graber waren einmal zusammen?", fragte Kramer. „Ja, sicher. Wussten Sie das nicht?",
fragte Frau Lieb. Kramer sagte Frau Lieb auf Wiedersehen und ging zum Ausgang.
„...", fragte Frau Lorin. „Ja, entschuldigen Sie.
....", antwortete Kramer und ging. Er war zufrieden.
Er mochte Partys nicht, aber er hatte etwas Wichtiges gehört.

55 Spiele mit Chunks
ISBN 978-3-12-674152-1

© Ernst Klett Sprachen GmbH, Stuttgart 2020 | www.klett-sprachen.de | Alle Rechte vorbehalten. Die Nutzung der Inhalte
für Text- und Data-Mining ist ausdrücklich vorbehalten und daher untersagt. Von dieser Druckvorlage ist die Vervielfältigung
für den eigenen Unterrichtsgebrauch gestattet. Die Kopiergebühren sind abgegolten.

in vollem Gang

Wie schön, dass Sie gekommen sind!

Aber sehr gern.

Darf ich Ihnen meinen Mann vorstellen?

Angenehm.

Und das sind Herr und Frau …

Freut mich.

Mich interessiert vor allem …

Wären Sie so nett …

Danke gut und Ihnen?

Es ging um …

Habe ich das richtig verstanden?

Sie wollen schon gehen?

Ich bin etwas in Eile.

55 Spiele mit Chunks
ISBN 978-3-12-674152-1

53 | Flüsterdiktat: Reklamation

Sprachniveau
A2

Thema / Situation
Eine Reklamation schreiben (Prüfungsvorbereitung)

Anzahl der Spielerinnen / Spieler
Kleingruppen von 3–5 Personen

Spieldauer
ca. 15 Minuten

Vorbereitung
■ Kopiervorlage für jede Gruppe einmal kopieren und auseinanderschneiden

Spielverlauf
In jeder Gruppe übernimmt eine Person das Schreiben. Diese Person bekommt den Skeletttext. Die Person links daneben bekommt die im Skeletttext fehlenden Satzteile; sie muss aber darauf achten, dass die Schreiberin / der Schreiber die fehlenden Satzteile nicht sehen kann. Sie liest sich den Satzteil für die erste Lücke durch und flüstert ihn der Person, die links neben ihr sitzt, ins Ohr. Diese flüstert im Uhrzeigersinn weiter, bis der Satzteil bei der Schreiberin / dem Schreiber ankommt, die / der ihn in die Lücke schreibt. Am Ende wird der Text mit den Satzteil-Streifen verglichen. Die Gruppe mit den wenigsten Fehlern gewinnt (vgl. auch Lösung im Anhang).

Variante
Der fertige Text kann auch an eine andere Gruppe weitergegeben werden, die ihn überprüft.

Sehr geehrte Frau Gaber,

(1) ...., möchte ich meinen Geschirrspüler

reklamieren. Leider hat das Gerät (2) ....

Das Geschirr wird nicht sauber und das Gerät trocknet nicht richtig.

(3) ...., habe ich das Gerät erst

vor einem halben Jahr gekauft. (4) ....,

den Geschirrspüler umzutauschen.

(5) ....

Christa Kurz

1. wie schon am Telefon besprochen
2. nie richtig funktioniert
3. Wie Sie am Rechnungsdatum sehen
4. Deswegen bitte ich Sie
5. Mit freundlichen Grüßen

55 Spiele mit Chunks
ISBN 978-3-12-674152-1

Klett

54 | WhatsApp®-Gruppe: einen Termin vereinbaren

Sprachniveau
A2

Thema / Situation
Einen Termin für ein Treffen vereinbaren (Prüfungsvorbereitung)

Anzahl der Spielerinnen / Spieler
Kleingruppen von 3–4 Personen

Spieldauer
ca. 20 Minuten

Vorbereitung
- Redemittel und Kopiervorlagen (S. 133 und 134) für jede Gruppe einmal kopieren
- Kopiervorlagen auseinanderschneiden

Spielverlauf
Jede / Jeder Lernende erhält einen Text von den Kopiervorlagen und schreibt eine Nachricht in die Gruppe mit einem Terminvorschlag für die angegebene Aktivität. Die Zettel werden im Uhrzeigersinn weitergegeben. Alle Lernenden reagieren auf die Einladung und auf die anderen Nachrichten, indem sie z. B. einen Gegenvorschlag machen oder zustimmen. Es muss zumindest einmal ein Gegenvorschlag (den Termin oder die Aktivität betreffend) gemacht werden. Die Zettel werden so lange im Kreis weitergegeben, bis es in der Gruppe zumindest einen gemeinsamen Termin gibt.

Variante
Es kann auch eine tatsächliche WhatsApp®-Gruppe eingerichtet werden.

Anmerkungen
- Das Spiel eignet sich auch als Vorbereitung auf die A2-Prüfung.
- Die Redemittel sollten vorher besprochen und den Gruppen zur Verfügung gestellt werden.

Anschlussaktivität
Die Nachrichten werden im Plenum vorgelesen.

Redemittel

Einen Vorschlag machen

- Habt ihr Zeit?

- Habt ihr Lust?

- Wie sieht's aus?

- Passt das für euch?

Einen Vorschlag ablehnen

- Das geht leider nicht.

- Tut mir leid, da muss ich …

- Dazu habe ich keine Lust.

- Da habe ich schon was vor.

Einen Gegenvorschlag machen

- Geht es auch am …?

- Geht es auch um …?

- Ich würde lieber …

- Wir könnten doch auch …

Einen Vorschlag annehmen

- Tolle Idee!

- Ich freue mich!

- Einverstanden!

- Ich bin dabei!

Wandern am Wochenende

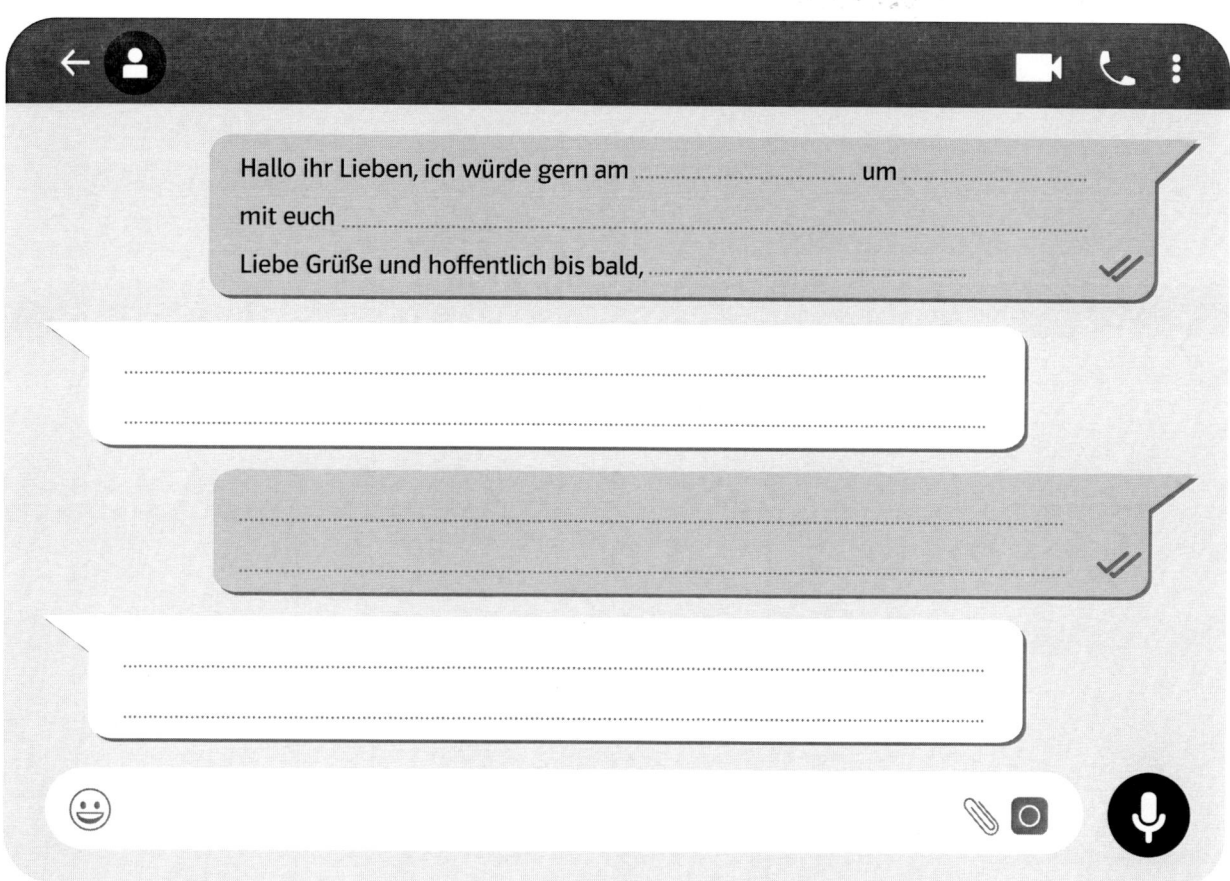

Hallo ihr Lieben, ich würde gern am .... um ....

mit euch ....

Liebe Grüße und hoffentlich bis bald, ...

Treffen im Café

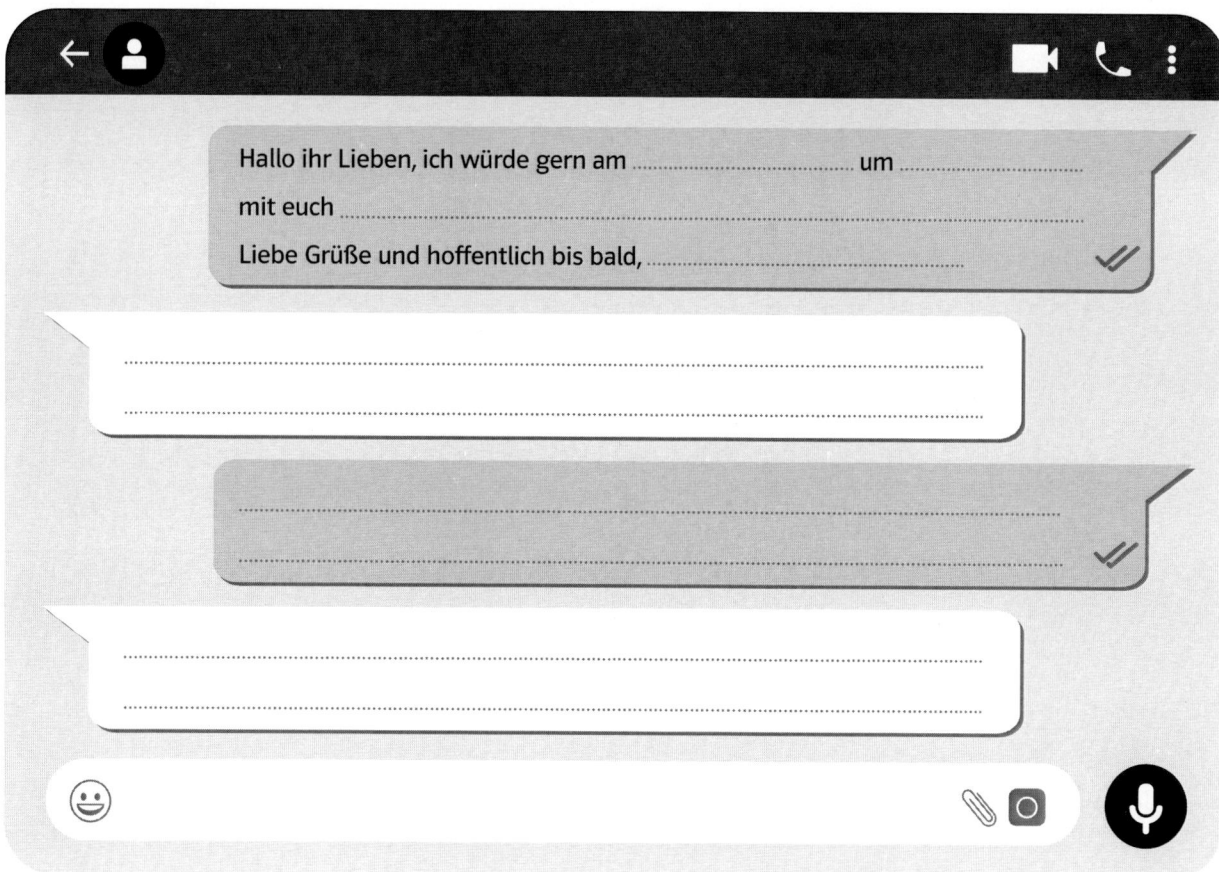

Hallo ihr Lieben, ich würde gern am .... um ....

mit euch ....

Liebe Grüße und hoffentlich bis bald, ...

55 Spiele mit Chunks
ISBN 978-3-12-674152-1

Ins Kino gehen

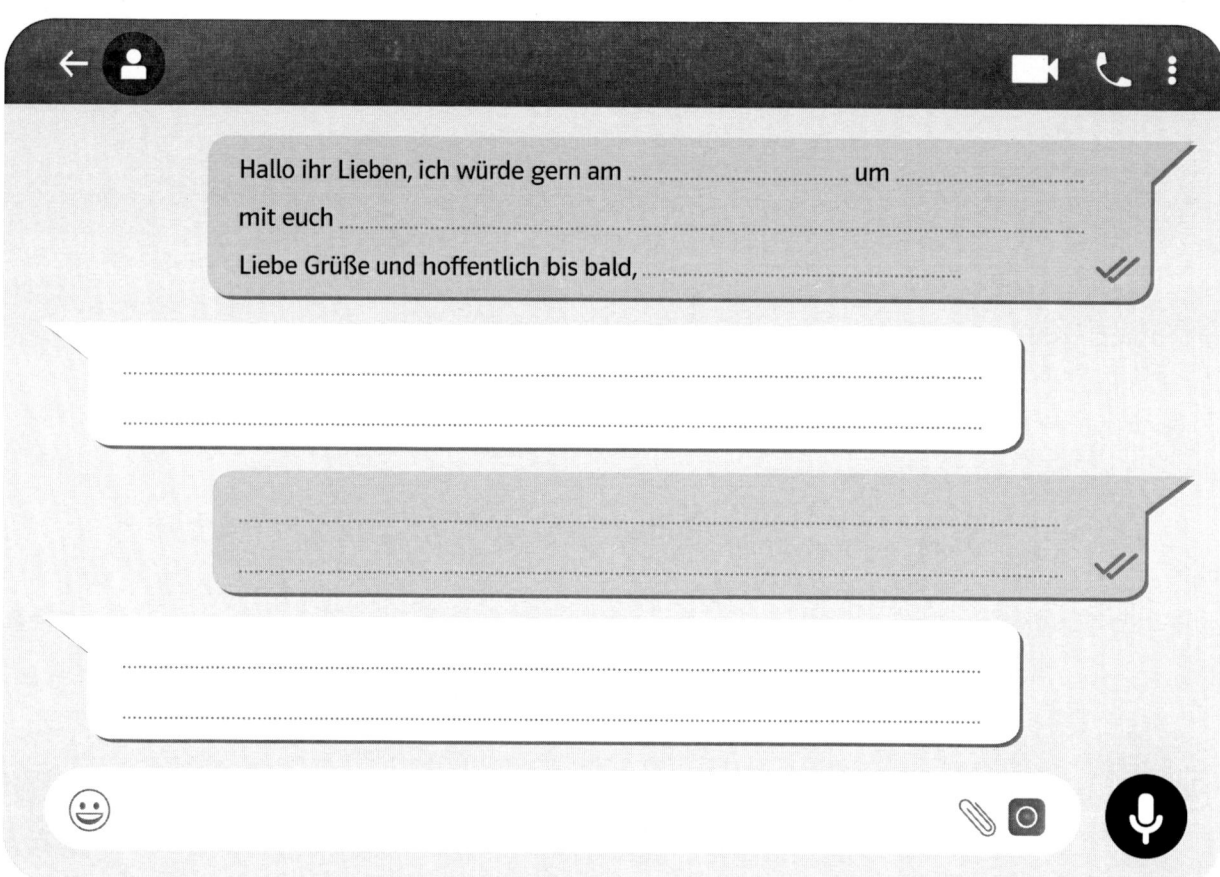

Hallo ihr Lieben, ich würde gern am .... um ....
mit euch ....
Liebe Grüße und hoffentlich bis bald, ...

Deutsch lernen

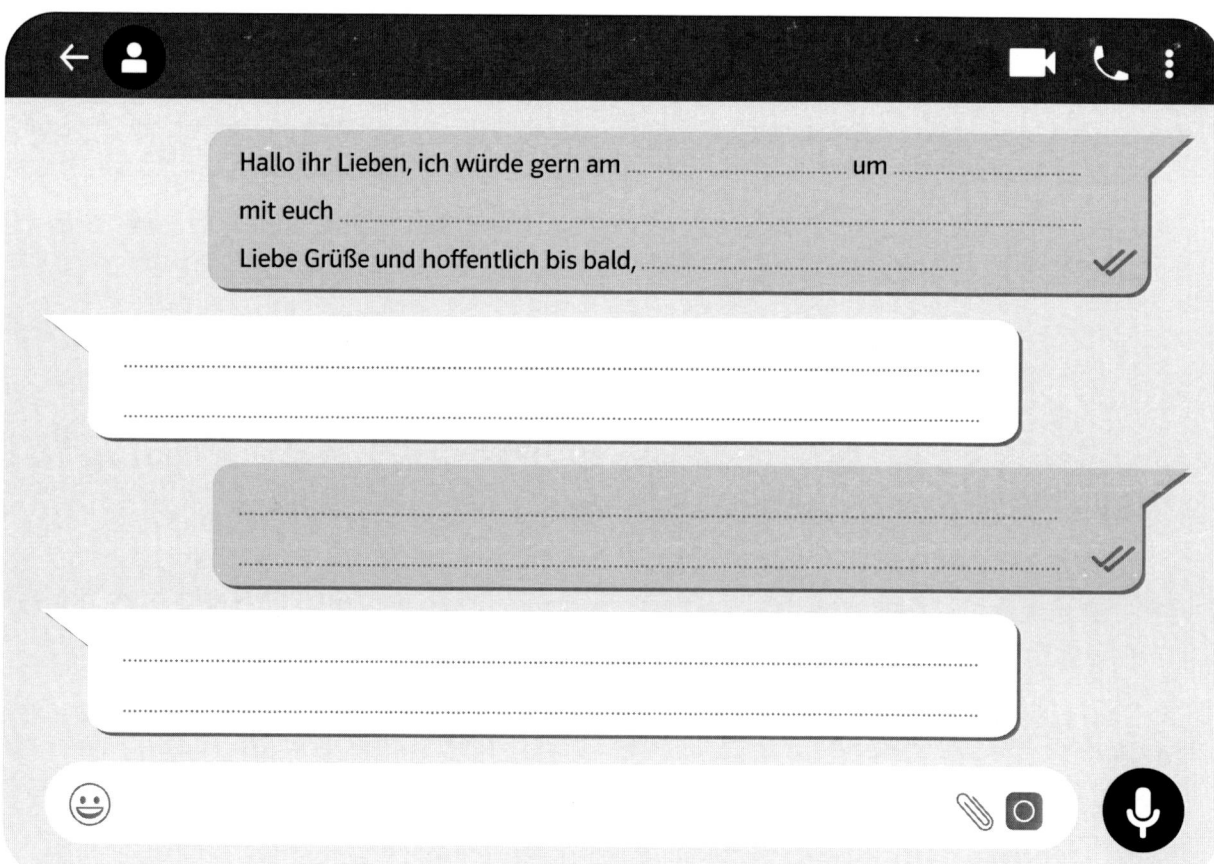

Hallo ihr Lieben, ich würde gern am .... um ....
mit euch ....
Liebe Grüße und hoffentlich bis bald, ...

55 Spiele mit Chunks
ISBN 978-3-12-674152-1

Klett

55 | Dialogspiel: Was unternehmen wir?

Sprachniveau
A2

Thema / Situation
Gemeinsame Aktivitäten planen (Prüfungsvorbereitung)

Anzahl der Spielerinnen / Spieler
Plenum

Spieldauer
ca. 10 Minuten

Vorbereitung
- Kopiervorlage zweimal kopieren und zerschneiden (je zwei Lernende erhalten eine Karte mit derselben Aktivität)

Spielverlauf
Jede / Jeder Lernende erhält eine Karte mit einer Aktivität. Die Lernenden gehen im Kursraum herum und suchen die Person, auf deren Karte dieselbe Aktivität angegeben ist. Dazu stellen sie Fragen.

Beispiel: „Ich würde gern ins Kino gehen. Was meinst du?"

Hat die angesprochene Person eine andere Aktivität auf der Karte, lehnt sie ab.

Beispiel: „Dazu habe ich keine Lust."

Hat die angesprochene Person dieselbe Aktivität auf der Karte, stimmt sie zu.

Beispiel: „Tolle Idee."

Die Lernenden machen für jede Person, mit der sie gesprochen haben, einen Strich auf ihre Karte. Gewonnen hat, wer mit den meisten Personen gesprochen hat.

Variante
Die Lernenden können auch Aktivitäten, die sie tatsächlich gern machen würden, auf die Kärtchen schreiben und Gleichgesinnte suchen. Gewonnen hat, wer die meisten Personen mit den gleichen Interessen gefunden hat.

Anmerkungen
- Das Spiel eignet sich auch als Vorbereitung auf die A2-Prüfung.
- Wenn eine ungerade Zahl an Lernenden im Kurs ist, wird eine Karte dreimal vergeben.

Anschlussaktivität
Die Lernenden können einen kleinen Dialog zur Konkretisierung des Vorhabens vorbereiten und ihn vorspielen.

Ich würde gern **ins Kino gehen**.
Was meinst du?

Dazu habe ich keine Lust.
Das ist mir zu langweilig.
Das ist mir zu schwierig.

Ja, gern.
Tolle Idee.
Okay, das machen wir.

Personen:

Ich würde gern **wandern**.
Was meinst du?

Dazu habe ich keine Lust.
Das ist mir zu langweilig.
Das ist mir zu schwierig.

Ja, gern.
Tolle Idee.
Okay, das machen wir.

Personen:

Ich würde gern **tanzen gehen**.
Was meinst du?

Dazu habe ich keine Lust.
Das ist mir zu langweilig.
Das ist mir zu schwierig.

Ja, gern.
Tolle Idee.
Okay, das machen wir.

Personen:

Wollen wir **essen gehen**?
Hast du Lust?

Dazu habe ich keine Lust.
Das ist mir zu langweilig.
Das ist mir zu schwierig.

Ja, gern.
Tolle Idee.
Okay, das machen wir.

Personen:

Wollen wir **eine Kursparty
machen**? Hast du Lust?

Dazu habe ich keine Lust.
Das ist mir zu langweilig.
Das ist mir zu schwierig.

Ja, gern.
Tolle Idee.
Okay, das machen wir.

Personen:

Wollen wir **spazieren gehen**?
Hast du Lust?

Dazu habe ich keine Lust.
Das ist mir zu langweilig.
Das ist mir zu schwierig.

Ja, gern.
Tolle Idee.
Okay, das machen wir.

Personen:

Ich würde gern **mit dir lernen**.
Was meinst du?

Dazu habe ich keine Lust.
Das ist mir zu langweilig.
Das ist mir zu schwierig.

Ja, gern.
Tolle Idee.
Okay, das machen wir.

Personen:

Ich würde gern **einkaufen gehen**.
Was meinst du?

Dazu habe ich keine Lust.
Das ist mir zu langweilig.
Das ist mir zu schwierig.

Ja, gern.
Tolle Idee.
Okay, das machen wir.

Personen:

Ich würde gern **etwas trinken**.
Was meinst du?

Dazu habe ich keine Lust.
Das ist mir zu langweilig.
Das ist mir zu schwierig.

Ja, gern.
Tolle Idee.
Okay, das machen wir.

Personen:

Wollen wir **eine Radtour
machen**? Hast du Lust?

Dazu habe ich keine Lust.
Das ist mir zu langweilig.
Das ist mir zu schwierig.

Ja, gern.
Tolle Idee.
Okay, das machen wir.

Personen:

Wollen wir **einen Kaffee trinken**?
Hast du Lust?

Dazu habe ich keine Lust.
Das ist mir zu langweilig.
Das ist mir zu schwierig.

Ja, gern.
Tolle Idee.
Okay, das machen wir.

Personen:

Wollen wir **joggen**? Hast du Lust?

Dazu habe ich keine Lust.
Das ist mir zu langweilig.
Das ist mir zu schwierig.

Ja, gern.
Tolle Idee.
Okay, das machen wir.

Personen:

---

55 Spiele mit Chunks
ISBN 978-3-12-674152-1

Lösungen

1 | Bingo: Arbeitsanweisungen

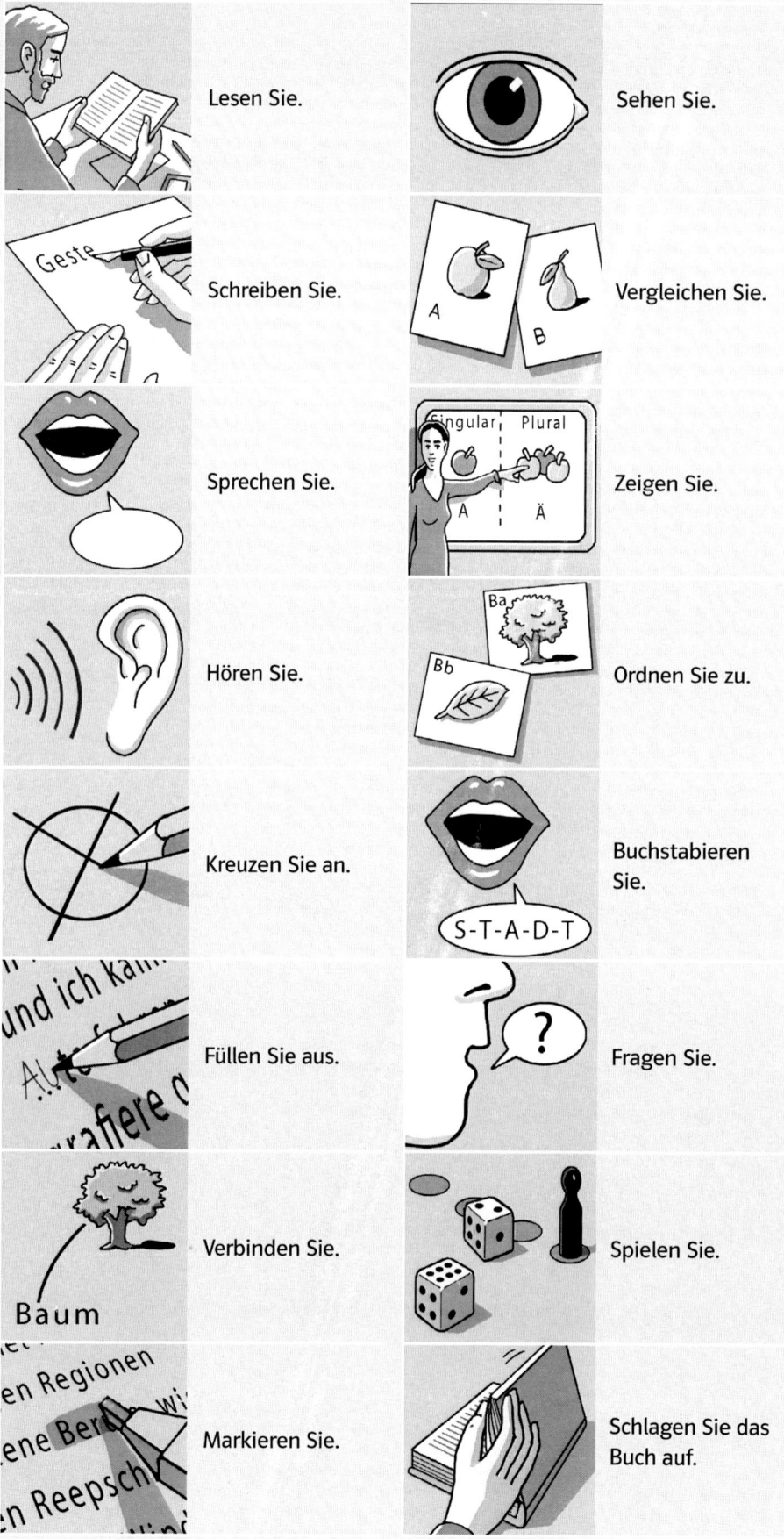

Lesen Sie.

Schreiben Sie.

Sprechen Sie.

Hören Sie.

Kreuzen Sie an.

Füllen Sie aus.

Verbinden Sie.

Markieren Sie.

Sehen Sie.

Vergleichen Sie.

Zeigen Sie.

Ordnen Sie zu.

Buchstabieren Sie.

Fragen Sie.

Spielen Sie.

Schlagen Sie das Buch auf.

29 | Kartenspiel: W-Fragen

Fragen	Antworten
Was sind deine Eltern von Beruf?	Mein Vater ist Lehrer, meine Mutter ist Krankenschwester.
Wie viele Geschwister hast du?	Ich habe einen Bruder.
Wie alt sind deine Großeltern?	Mein Opa ist 72, meine Oma 70.
Was für einen Sport machst du?	Ich bin total unsportlich.
Was ist deine Lieblingsmusik?	Ich höre gern klassische Musik.
Wie oft machst du ein Selfie?	Jeden Tag – mindestens eins.
Wie ist dein Chef?	Ganz nett.
Wie lange arbeitest du jeden Tag?	Acht Stunden.
Was bist du von Beruf?	Ich bin Mechaniker.
Wie oft kochst du?	Ich koche jeden Abend.
Was kochst du gern?	Ich koche am liebsten Spaghetti.
Was ist dein Lieblingsessen?	Steak esse ich total gern.
Wo warst du im letzten Urlaub?	Am Meer.
Wie oft fährst du in Urlaub?	Ich fahre nicht sehr oft.
Wie lange hat deine längste Reise gedauert?	Ich war drei Wochen unterwegs.
Wie oft triffst du dich mit deinen Freunden?	Wir treffen uns jeden Samstag.
Was machst du mit deinen Freunden gern?	Wir gehen auf den Fußballplatz.
Wie lange kennst du deinen besten Freund?	Seit dem Kindergarten.

30 | Laufdiktat

Sehr geehrter Herr Müller,

vielen Dank für die Einladung. Meine Frau und ich kommen gern.
Könnten Sie mir sagen, wo sich das Lokal genau befindet? Wir sind noch neu in der Stadt und kennen uns nicht so gut aus.
Vielen Dank im Voraus.

Mit freundlichen Grüßen
Lars Roger

Liebe Anna,

super Idee: Chris und ich kommen gern. Wer kommt denn noch? Wo wollen wir uns treffen? Schickst du mir den Link?
Bis bald.

Liebe Grüße
Klara

37 | Brettspiel: Auskünfte

Können Sie mir sagen, … / Kannst du mir sagen, … / Könnten Sie mir sagen, …

… wie spät es ist?	Es ist 8 Uhr 15.
… wo hier der Bahnhof ist?	Gleich da vorne, Sie können schon die große Uhr sehen.
… wann der nächste Bus fährt?	Der fährt in 10 Minuten.
… wie die Öffnungszeiten sind?	Montag bis Freitag von 8.00 bis 12.00 Uhr.
… ob es noch Karten für das Konzert gibt?	Leider nicht, es ist ausverkauft.
… wie viel eine Karte kostet?	30 Euro.
… wann der Film beginnt?	Er beginnt um 20.00 Uhr, allerdings wird zuerst noch Werbung gezeigt.
… wo ich Herrn Maier finde?	Im 2. Stock, Zimmer 215; sein Name steht an der Tür.
… wann Herr Maier zurückkommt?	Erst in einer Woche, er ist im Urlaub.
… ob die Vorstellung schon begonnen hat?	Ja, vor 5 Minuten.
… wann der nächste Kurs beginnt?	Voraussichtlich am 1. Mai – das hängt von den Anmeldungen ab.
… wo der Kursraum ist?	Im 1. Stock; es ist das Zimmer mit dem Smartboard.
… welche Dokumente ich brauche?	Einen Reisepass.
… wer mir eine Auskunft geben kann?	Fragen Sie Frau Schmidt.
… ob Sie am Vormittag immer erreichbar sind?	Ja, außer am Mittwoch.
… wo die Toilette ist?	Gleich da vorne rechts, sie ist aber nur für Kunden.
… um wie viel Uhr ich kommen kann?	Gegen 15.00 Uhr würde es mir gut passen.
… wie ich zur Bushaltestelle komme?	Gehen Sie geradeaus und dann rechts. Da ist gleich die Haltestelle.
… welchen Bus ich nehmen muss?	Den Bus Nummer 31.
… ob es einen Nachtdienst im Hotel gibt?	Ja, selbstverständlich. Es ist immer jemand da.

41 | Würfelspiel: Essenseinladung

Formell		Informell	
	Danke für die Einladung.		Schön, dass du gekommen bist.
	Nehmen Sie Platz.		Komm rein.
	Greifen Sie zu.		Setz dich.
	Guten Appetit.		Hoffentlich hast du Hunger.
	Was trinken Sie?		Ja, ich bin ziemlich hungrig.
	Wasser bitte. Ich trinke keinen Alkohol.		Was möchtest du denn trinken?
	Zum Wohl!		Hast du eine Cola?
	Nehmen Sie doch noch!		Danke, ich kann nicht mehr.
	Danke, ich bin satt.		

42 | Memo-Spiel: Im Restaurant

„Ich möchte gern einen Tisch für zwei Personen am Freitagabend reservieren."

„Wir haben auf den Namen Melchior reserviert."

„Könnten wir die Speisenkarte haben?"

„Haben Sie sich schon entschieden?"

„Ich hätte gerne …"

„Was können Sie empfehlen?"

„Haben Sie noch einen Wunsch?"

„Noch einen Kaffee, bitte."

„Zwei. Für mich auch."

„Könnten Sie uns die Rechnung bringen?"

„Getrennt oder zusammen?"

„Kann ich mit Karte bezahlen?"

47 | Memo-Spiel: Feste

Karneval: auf einen Ball gehen, Walzer tanzen[1], sich verkleiden, zum Karnevalsumzug gehen

Ostern: Eier färben, Ostereier verstecken, das Osterfeuer anzünden, Ostereier suchen

Weihnachten: den Weihnachtsbaum schmücken, Kerzen anzünden, Geschenke verpacken, Geschenke auspacken, Weihnachtslieder singen

Silvester: Blei gießen, Walzer tanzen[2], das Feuerwerk ansehen, Sekt trinken

Geburtstag: eine Geburtstagstorte backen, die Kerzen anzünden, Glück wünschen

Hochzeit: die Torte anschneiden, eine Rede halten, Glück wünschen, Sekt trinken

48 | Würfelspiel: Freizeitaktivitäten

gehen: essen, tanzen, einkaufen, ins Kino, ins Restaurant, zu Bett, …

spielen: Ball, Fußball, Handball, Basketball, Volleyball, Karten, Gitarre, Klavier, Flöte, …

haben: Spaß, Urlaub, Freizeit, Freude, …

machen: Urlaub, Yoga, Judo, Sport, Musik, eine Reise, einen Kurs

fahren: in Urlaub, ins Ausland, nach Deutschland; Rad, Ballon, Auto, Boot

besuchen: ein Museum, Freunde, die Familie, eine Galerie, Verwandte, die Sprachschule, …

52 | Eine Geschichte erzählen (Dramapädagogik)

Text 1

Markus Kramer kam in den Garten. Die Party war in vollem Gang. Frau Lorin sagte: „Wie schön, dass Sie gekommen sind!". „Aber sehr gern", meinte Kramer. Er mochte solche Partys nicht. Er schaute. Fast alle Gäste konnten es getan haben. Deshalb war er gekommen. „Darf ich Ihnen meinen Mann vorstellen?", meinte Frau Lorin. „Peter, das ist Kommissar Kramer von der Polizei. Herr Kramer, mein Mann." „Angenehm", sagten Kramer und Herr Lorin. Kramer nahm sich ein Glas Wein und spazierte durch den Garten. Überall standen kleine Gruppen von Menschen. Kramer stellte sich zu einer Gruppe.

1 in Österreich üblich
2 in Österreich üblich

Text 2

„Guten Abend, Kramer", stellte er sich vor. Die zwei Männer und zwei Frauen grüßten auch. „Angenehm, Frisch. Das ist meine Frau Anja. Und das sind Herr und Frau Graber." „Freut mich", meinte Kramer. „Waren Sie nicht Freunde von Jochen Kluge?" Die vier Personen antworteten nicht. „Wer sind Sie eigentlich?", fragte Franz Graber. „Kommissar Kramer, Polizei", antwortete Kramer. „Jochen war ein guter Bekannter, kein Freund.", erklärte seine Frau. Die anderen sagten nichts. „Mich interessiert vor allem, wann Sie ihn zuletzt gesehen haben.", sagte Kramer. „Wären Sie so nett und würden Sie mir antworten?" „Nicht jetzt", meinte Herr Frisch. „Wir wollen uns unterhalten. Morgen helfen wir Ihnen gern. Und jetzt entschuldigen Sie uns."

Text 3

Kramer war allein. Da kam eine Frau. „Kommissar Kramer, wie geht es Ihnen?" „Danke gut und Ihnen?", antwortete Kramer. Frau Lieb sagte: „Es geht. Das mit Jochen ist schlimm für mich. Ich habe gehört, dass er sich mit Franz Graber gestritten hat. Es ging um seine Frau, Sabine. Die beiden waren ja einmal ein Paar." „Habe ich das richtig verstanden? Jochen Kluge und Sabine Graber waren einmal zusammen?", fragte Kramer. „Ja, sicher. Wussten Sie das nicht?", fragte Frau Lieb. Kramer sagte Frau Lieb auf Wiedersehen und ging zum Ausgang. „Sie wollen schon gehen?", fragte Frau Lorin. „Ja, entschuldigen Sie. Ich bin etwas in Eile", antwortete Kramer und ging. Er war zufrieden. Er mochte Partys nicht, aber er hatte etwas Wichtiges gehört.

53 | Flüsterdiktat: Reklamation

Sehr geehrte Frau Gaber,

wie schon am Telefon besprochen, möchte ich meinen Geschirrspüler reklamieren. Leider hat das Gerät nie richtig funktioniert. Das Geschirr wird nicht sauber und das Gerät trocknet nicht richtig. Wie Sie am Rechnungsdatum sehen, habe ich das Gerät erst vor einem halben Jahr gekauft. Deswegen bitte ich Sie, den Geschirrspüler umzutauschen.

Mit freundlichen Grüßen

Christa Kurz